O Espírito da Liderança

PATRICK LENCIONI

O Espírito da Liderança

UMA HISTÓRIA SOBRE COMO SE TORNAR
UM LÍDER COM AS MOTIVAÇÕES CERTAS

Traduzido por Flavio Chamis

SEXTANTE

Título original: *The Motive*
Copyright © 2020 por Patrick Lencioni
Copyright da tradução © 2024 por GMT Editores Ltda.

Publicado mediante acordo com a John Wiley & Sons, Inc.

Todos os direitos reservados. Nenhuma parte deste livro pode ser utilizada ou reproduzida sob quaisquer meios existentes sem autorização por escrito dos editores.

coordenação editorial: Sibelle Pedral
produção editorial: Livia Cabrini
preparo de originais: Ângelo Lessa
revisão: Guilherme Bernardo e Livia Cabrini
diagramação: Natali Nabekura
capa: DuatDesign
impressão e acabamento: Bartira Gráfica

CIP-BRASIL. CATALOGAÇÃO NA PUBLICAÇÃO
SINDICATO NACIONAL DOS EDITORES DE LIVROS, RJ

L583e

Lencioni, Patrick, 1965-
    O espírito da liderança / Patrick Lencioni ; tradução Flávio Chamis. - 1. ed. - Rio de Janeiro : Sextante, 2024.
    144 p. ; 21 cm.

    Tradução de: The motive
    ISBN 978-65-5564-869-0

    1. Liderança. 2. Liderança - Aspectos morais e éticos. I. Chamis, Flávio. II. Título.

24-91375
    CDD: 658.4092
    CDU: 005.322:316.46

Gabriela Faray Ferreira Lopes - Bibliotecária - CRB-7/6643

Todos os direitos reservados, no Brasil, por
GMT Editores Ltda.
Rua Voluntários da Pátria, 45 – 14º andar – Botafogo
22270-000 – Rio de Janeiro – RJ
Tel.: (21) 2538-4100
E-mail: atendimento@sextante.com.br
www.sextante.com.br

*Este livro é dedicado à irmã Regina Marie Gorman
e a Weldon Larson, pelo precioso
testemunho de fé e pela enorme humildade
que demonstram como líderes.*

Sumário

Introdução — 9

A FÁBULA

A situação — 13
Pesquisa — 15
Rival — 17
Sem defesa — 21
Invasão — 25
Rendição — 27
Nu — 31
Descoberta — 37
Onde estávamos? — 41
Mais a fundo — 43
Pressão — 47
Reputação — 51
Detalhes fundamentais — 53
Trabalho sujo — 57

Humano	61
Armadilha	67
Tirando as luvas	73
Jugular	77
Skype	83
Descoberta	89
Autoridade	93
Sobremesa	99
Processando	101
A ciência da tomada de decisão	103
San Diego	107

A LIÇÃO

Introdução	111
Explorando os dois motivos para a liderança	115
As 5 omissões dos líderes focados na recompensa	119
Imperfeição e vigilância	137
O surpreendente perigo da diversão	139
O fim da liderança servidora	141
Agradecimentos	143

Introdução

Sempre que escuto um orador encorajando uma turma de formandos a "ganhar o mundo e serem líderes", tenho vontade de me levantar e gritar: "Não! Por favor, não seja um líder, a menos que esteja fazendo isso pelo motivo certo, e provavelmente não é o que você está pensando!" Vou explicar por quê.

Este é o décimo primeiro ou décimo segundo livro que escrevo sobre negócios, dependendo de como contarmos. Se alguém recebesse toda a minha coleção de livros de uma só vez, eu recomendaria começar por este.

Isso porque a maioria dos livros que escrevi é sobre *como* ser líder. Explico como administrar uma empresa saudável, comandar uma equipe coesa e gerenciar um grupo de funcionários. No entanto, ao longo dos anos, percebi que algumas pessoas não seguem minhas instruções, e a razão fundamental por trás disso é o *motivo* pelo qual desejam ser líderes.

Desde muito novos, eu e meus colegas de escola fomos encorajados a nos tornarmos líderes. Aceitei esse incentivo sem pensar duas vezes e busquei oportunidades para chefiar pessoas e organizações a partir do momento em que me achei capaz de comandar um grupo ou concorrer a presidente do grêmio estudantil. Mas, assim como muitos outros, nunca parei para me perguntar *por que* deveria ser líder.

O principal motivo que leva a maioria dos jovens – e muitas pessoas mais experientes – a querer liderar são as recompensas, como notoriedade, status e poder. Mas as pessoas motivadas por essas razões descartam as exigências específicas da liderança quando não veem conexão entre o cumprimento dos deveres e as recompensas que recebem. Elas escolhem como usar o tempo e a energia com base no que vão *obter*, e não no que devem *oferecer* àqueles que deveriam liderar. Isso é perigoso, porém comum. Escrevi O *espírito da liderança* num esforço para que isso se torne menos comum.

Espero que este livro ajude você a entender e, talvez, mudar o motivo pelo qual deseja ser um líder, passando a abraçar plenamente a dificuldade e a importância de comandar uma organização. Ou, se for o caso, que o ajude a chegar à conclusão tranquila de que talvez não queira ser um líder e a encontrar mais utilidade para seus talentos e interesses em outra função.

A FÁBULA

A SITUAÇÃO

Shay Davis sabia que era cedo demais para ser demitido. Seis meses não eram tempo suficiente nem mesmo para a mais agressiva das firmas de capital privado demitir um CEO recém-nomeado. Ao mesmo tempo, não era cedo demais para o assunto entrar em pauta.

A Golden Gate Security não vinha tendo um mau desempenho durante o breve período sob o comando de Shay. A empresa, com sede em Emeryville – uma cidadezinha comercial na costa leste da Baía de São Francisco –, continuava crescendo, embora mais devagar que a maioria das outras empresas do mercado de seguradoras da Costa Oeste. As margens de lucro eram boas, mas pareciam anêmicas se comparadas às da All-American Alarm, uma seguradora de porte nacional e a mais dinâmica do mercado de seguros residenciais e de pequenas empresas.

Shay imaginava que os investidores lhe dariam mais nove meses para catapultar a Golden Gate, mas decidiu não pagar para ver. Tinha levado mais de duas décadas para chegar ao topo e não queria ver todos esses anos de trabalho duro descerem pelo ralo.

Foi quando decidiu engolir seu orgulho e dar um telefonema desconfortável.

Pesquisa

A Lighthouse Partners era uma pequena firma de consultoria localizada em Half Moon Bay, também na Califórnia, que tinha a reputação de trabalhar com clientes bem-sucedidos. Um desses clientes era a Del Mar Alarm, seguradora com sede em San Diego que, justamente por ser a estrela do setor no estado, se tornou uma pedra no sapato de Shay Davis.

Quer fosse numa mesa-redonda de uma feira de seguradoras ou num artigo de revista especializada, a Del Mar e seu CEO inglês, Liam Alcott, viviam sendo elogiados pela lucratividade muito acima da média e pela capacidade de desbancar concorrentes nacionais como a All-American.

Em circunstâncias normais, Shay nunca pensaria em contratar a mesma firma de consultoria de um concorrente, mas já estava desesperado o bastante para arriscar algo novo. Quando entrou em contato com a consultora da Lighthouse que trabalhava com a Del Mar, ela explicou que precisaria perguntar a seu cliente se eles aceitariam que ela trabalhasse para outra empresa do mesmo setor. Shay imaginou que provavelmente a consultora nunca mais entraria em contato. Estava certo.

Mas nunca poderia imaginar o que aconteceria depois.

Rival

É difícil odiar alguém que você nem conhece, mas Shay estava muito perto de alcançar esse feito em relação a Liam Alcott.

Até então o contato pessoal de Shay com Liam tinha se resumido a um rápido aperto de mãos ou um breve "oi" em algum evento do setor, mas o fato é que ele havia assistido a mais palestras e lido mais entrevistas sobre seu rival do que gostaria. Shay tinha um certo ressentimento da simpatia forçada do homem que aparentava fazer com um pé nas costas o que ele não sabia como alcançar.

Então, quando Rita, assistente de Shay, entrou em sua sala anunciando que alguém chamado Liam estava na linha, ele imaginou que era trote de um de seus próprios executivos. Mas olhou a bina e viu que o código de área era de San Diego. A pessoa ligando poderia ser seu rival.

Assim, ele respirou fundo e disse:
– Shay falando.
– Olá, Shay, aqui é Liam Alcott.

Shay logo percebeu que não era trote, e ao mesmo tempo sentiu alívio por não gostar do som da voz e do sotaque britânico presunçoso. Então, decidiu ser excessivamente simpático.

– Bem, como posso ajudar, Liam?
– Primeiro quero me desculpar por não ter procurado você meses atrás para parabenizá-lo pelo cargo. Fiquei mal por isso.

Shay não acreditou nem por um segundo que Liam estava sendo sincero, mas não deixou transparecer.

– Sem problema. Acredite, se alguém sabe como você é ocupado, esse alguém sou eu.

– Verdade. De qualquer forma, estou ligando porque a Amy, da Lighthouse, me contou que você entrou em contato para trabalhar com eles.

Shay sentiu uma onda de vergonha. Já estava esperando a bronca de Liam por tentar roubar seus consultores, isso sem contar sua propriedade intelectual. Tentou manter a calma.

– Pois é. Imaginei que, como eles já conhecem o nosso ramo, talvez não tivessem problemas com...

Liam interrompeu.

– É claro. Entendo. Eu não tenho problema com isso. A Amy é uma ótima consultora, e a Lighthouse tem nos ajudado muito. Você vai gostar de trabalhar com ela.

Totalmente surpreso, Shay tentou preservar o orgulho.

– Bem, ainda vamos conversar com outras firmas de consultoria, para então tomarmos uma decisão.

Liam não vacilou.

– Claro, faz sentido. Na verdade, antes de contratar qualquer consultoria, acho que tem uma coisa importante que você deveria fazer.

Shay se preparou para receber um conselho condescendente.

– O quê?

– Ouvir o que tenho a dizer sobre o que nós aprendemos com a Lighthouse, para ver se bate com os seus objetivos.

Shay não soube como responder. *Eu ouvi direito?*, pensou.

Antes que ele pudesse pensar em algo para dizer, Liam continuou:

– Na verdade eu tenho uma reunião com eles na próxima quinta-feira e depois vou passar o fim de semana na casa da minha cunhada em Walnut Creek, aí perto. Por que a gente não marca uma reunião na sexta?

– Eu vou ter que ver com...

– Acabei de perguntar à sua assistente, Rita. É Rita, certo?

– Isso.

– Ela me disse que você está livre na sexta. Você iria fazer uma revisão de operações ou algo do tipo, mas ela foi adiada para daqui a algumas semanas.

De repente Shay se sentiu traído – por Rita, pelos consultores da Lighthouse, por alguém. Sem disposição para aceitar a oferta de seu rival, rebateu:

– Não leve a mal, Liam – ele fez uma pausa –, mas você não vê problema em compartilhar seus segredos com um concorrente?

Liam riu.

– Concorrente? Não nos vejo como concorrentes. Quer dizer, eu certamente não gostaria que a Lighthouse trabalhasse com vocês se fossem nossos concorrentes. Mas não me parece que estamos competindo pelos mesmos clientes, a menos que você tenha planos de entrar no mercado de San Diego. Portanto, não vejo nenhum conflito.

Shay tentou desesperadamente pensar numa desculpa. Liam continuou:

– Eu diria que o nosso inimigo comum é a All-American e gostaria de evitar que eles se estabelecessem no norte da Califórnia. – Liam fez uma pausa. – Você já descobriu uma boa maneira de lidar com eles?

Embora Shay não quisesse admitir qualquer fraqueza, também não queria desperdiçar os conselhos que Liam pudesse oferecer.

– Que nada, também estamos tendo muito trabalho para freá-los.

– Bem – disse Liam, empolgado –, essa é uma área onde eu posso ajudar. E sei que você também vai ter alguns conselhos para mim.

– Não tenho tanta certeza – respondeu Shay, fingindo humildade, embora no fundo soubesse que havia alguma verdade ali.

Sem conseguir pensar numa boa razão para recusar a oferta de Liam, Shay cedeu e concordou com a reunião.

– Certo. A que horas nos encontramos na sexta?

Ao fim da ligação, Shay concluiu que teria poucos dias para pensar num bom motivo para sair da cidade no fim da semana.

Sem defesa

Ao final do dia, Shay percebeu que estava numa enrascada. Não que lhe faltasse inteligência para inventar uma desculpa razoável. Ele tinha muitos clientes de pequenas empresas com os quais poderia marcar uma reunião de última hora. O problema era escolher o que feriria menos o seu orgulho.

Se cancelasse a reunião com Liam, evitaria a humilhação de ter que aguentar um sermão do sujeito que detestava, mas perderia uma boa oportunidade de conhecer o ponto de vista de uma empresa mais bem-sucedida. Isso poderia levar a Golden Gate a perder ainda mais participação de mercado para a All-American Alarm, o que o deixaria numa situação ainda pior com o conselho diretor e talvez levasse à sua demissão. Shay concluiu que perder o emprego seria pior do que admitir sua inferioridade em relação a seu rival e decidiu seguir em frente com a reunião, para aprender a lidar com o concorrente mútuo.

Mas quando acordou na sexta-feira, Shay ficou deitado na cama, olhando para o teto e se perguntando se havia tomado a decisão certa. Virou para a esposa, Dani, que também tinha acabado de acordar, e fez uma pergunta estranha:

– Tem alguma tarefa muito importante que eu precise fazer imediatamente e que me impeça de ir trabalhar?

Dani riu.

– Você deve ter muitas reuniões hoje.

– Quem me dera – respondeu Shay, considerando se deveria confessar sua preocupação à esposa.

– Qual o problema, então?

– Ah, eu estou sendo infantil. É que hoje vou ter que passar um bom tempo com alguém que não me agrada.

– Brandon?

– Não.

– Marisa?

Shay saiu da cama.

– Não, não é ninguém da empresa.

Dani ficou intrigada:

– Quem é?

– Ah, sei lá – respondeu ele e entrou no banheiro.

– Como assim "sei lá"? Quem é a pessoa?

– É um cara chamado Liam Alcott.

– O CEO de San Diego que você detesta?! – gritou Dani, para Shay ouvi-la do banheiro.

Shay voltou para o quarto.

– Eu reclamo tanto assim dele?

– Essa pergunta é séria? "Liam Alcott é um idiota metido a besta. Liam Alcott acha que é uma dádiva divina para o mundo dos negócios. O sotaque de Liam Alcott é tão forçado que..."

– Tá bem, já entendi – interrompeu Shay. – Sim, acho que vivo reclamando dele.

Dani se levantou e começou a fazer a cama.

– E por que você vai se encontrar com ele?

– Não sei. É estranho. Ele se ofereceu para ajudar.

– A arrumar a cama?

– Hein? – perguntou Shay, confuso.

Dani apontou para o outro lado da cama.

– Ah, desculpe.

Então Shay começou a esticar os lençóis e o edredom.

– A reunião é sobre o quê? – insistiu Dani.

Shay não quis contar toda a história, então resumiu:

– Ele quer nos ajudar a descobrir como competir com a All-American.

– Isso é bom, certo?

– Se fosse qualquer outra pessoa...

– Bom, acho que você precisa respirar fundo, ser adulto e admitir que talvez ele tenha mais experiência que você. – Dani fez uma pausa enquanto Shay refletia. – E se Liam realmente for um idiota metido a besta, agradeça pelo tempo dele e aja com maturidade.

– Sabe... – Shay parou de fazer a cama por um momento –, não me lembro de ter pedido sua opinião – brincou ele, sorrindo.

Dani atirou um travesseiro no marido e respondeu com um sotaque britânico improvisado:

– Me desculpe. Estou sendo uma idiota metida a besta?

Invasão

Quando entrou em sua sala, Shay encontrou Liam sentado com os pés sobre a mesa enquanto fumava um charuto.

– E aí, garotão! Vou ensinar você a administrar uma empresa.

Não, isso não aconteceu de verdade. Mas Liam já estava esperando no saguão do prédio.

– Bom dia, Shay! – cumprimentou Liam enquanto se levantava, mais animado do que Shay gostaria de ver, àquela hora da manhã.

Ainda assim, Shay reuniu todas as suas forças para responder no mesmo tom.

– É um prazer finalmente conhecê-lo, Liam! Muito obrigado por vir até aqui.

– É a minha chance de não ter que passar tanto tempo com meus sogros.

Shay deu uma risada forçada, como um personagem de uma comédia ruim.

Os dois continuaram a conversa-fiada enquanto seguiam até a sala de Shay, parando na copa para pegar um café.

Quando chegaram à bela sala do CEO, com vista para a Prisão de Alcatraz, se sentaram em um sofá e Shay perguntou:

– Então, por onde começamos?

Liam tinha uma resposta pronta.

– Por que não me diz por que ligou para a Lighthouse? O que você espera deles?

Tomando a pergunta de Liam como uma possível acusação, mais uma vez Shay sentiu uma súbita onda de vergonha.

– Ah, que fique claro: não estou questionando suas intenções, Shay – disse Liam, como se estivesse lendo seus pensamentos, erguendo as mãos como quem pede desculpas. – Só queria saber o que levou você a buscar ajuda.

Aliviado, Shay presumiu que talvez Liam fosse um pouco menos metido a besta do que havia imaginado e decidiu se abrir um pouco:

– Minha sensação é de que ainda não estamos trabalhando com força total por aqui.

"Ok, não foi tão ruim", pensou Shay.

Liam anotou alguma coisa em seu caderno antes de perguntar:

– O maior problema é a All-American?

– Bem, com certeza é parte do problema – admitiu Shay, sem pensar duas vezes. – Mas acho que tem outras coisas. Só não sei exatamente o quê.

Liam ergueu os olhos, deu um largo sorriso e disse algo que Shay interpretou como arrogância ou empolgação:

– Ah, isso vai ser divertido!

Foi quando Shay concluiu que tinha cometido um grande erro.

Rendição

Liam percebeu que a expressão de Shay tinha mudado e, preocupado, acrescentou:
– Ah, por favor, não quis insultar você!
– Sem problema – mentiu Shay.
– Minha esposa vive dizendo que quando eu me empolgo fico parecendo um idiota condescendente, ainda mais por causa do sotaque – disse ele, rindo enquanto se explicava. – A realidade é que me entusiasmo com tudo o que tem a ver com administração, mas raramente tenho a chance de estar com outros CEOs. E não sabia se você ficaria à vontade para se abrir.
– Nem eu – admitiu Shay, um pouco sarcástico.
Eles riram. Shay teve a sensação de estar perdendo o controle da conversa, mas ao mesmo tempo achava difícil odiar Liam.
– E então, como andam os números da Golden Gate? – perguntou Liam.
Shay pareceu surpreso com o pedido direto de informações sigilosas. Percebendo a reticência de seu novo amigo, Liam acrescentou:
– Se quiser que eu assine um documento de confidencialidade, tudo bem.
Shay balançou a cabeça e acenou com a mão, como que dizendo: *Não seja bobo.*
– Ótimo – disse Liam –, porque se vamos nos ajudar, precisamos mostrar nossas cartas.

Durante a meia hora seguinte, Liam apresentou os números de suas operações financeiras, enquanto Shay dava informações genéricas e um ou outro número concreto aqui e ali.

Em alguns aspectos as duas empresas eram bastante semelhantes, mas em vários outros a Del Mar estava anos-luz à frente. Shay fez o possível para esconder a surpresa com a discrepância entre os resultados. Liam notou a reação de Shay e, com uma expressão de preocupação genuína, perguntou:

– O que está acontecendo por aqui, meu amigo?

Por fora Shay parecia calmo, mas por dentro estava desesperado à procura de uma desculpa plausível para sua inferioridade.

– O mercado é um pouco diferente na nossa região.

Liam não pareceu convencido com a resposta, e Shay acrescentou:

– Os salários aqui são mais altos. Os impostos também. Isso sem falar no custo de vida.

Liam ouviu e acenou com a cabeça com toda a empatia possível. Fez uma leve careta, respirou fundo e finalmente respondeu:

– Por favor, não me leve a mal, Shay, mas esses fatores só explicam uma pequena parte da diferença de desempenho entre as nossas empresas.

Shay não pareceu frustrado nem de acordo com a avaliação de Liam. Simplesmente se manteve impassível. Liam continuou com certo cuidado:

– Quer dizer, a menos que eu esteja equivocado, você parece ter mais funcionários gerando menos receita. Seu volume de negócios, somando-se clientes e colaboradores, é bem superior ao nosso. E vocês estão gastando mais em marketing do que nós. – Ele fez uma pausa. – Estou esquecendo alguma coisa?

Shay deu de ombros.

– Bem, pelo menos a nossa empresa não é dirigida por um idiota metido a besta.

Claro que ele não disse isso, mas teve vontade, mesmo sabendo que não seria justo com Liam.

– Não vou mentir – confessou Shay. – Não foi nada legal escutar o que você disse.

Os dois ficaram em um silêncio constrangedor por cinco longos segundos até que Shay reuniu coragem e perguntou:

– E então? Você acha que tem algo – ele fez uma pausa, procurando uma palavra aceitável – *ruim* na Golden Gate? Se sim, gostaria de saber o quê.

Foi a vez de Liam encolher os ombros.

– Não sei, mas vou ficar muito feliz em ajudá-lo a descobrir.

Shay não sabia o que dizer, então Liam continuou:

– Por que não começo contando o que aprendi com Amy e os outros consultores da Lighthouse?

Shay respirou fundo e pensou consigo mesmo: "Aja com maturidade."

Nu

Liam foi até o quadro da sala de Shay, pegou uma caneta e anunciou:

– Todo o foco da Amy e dos outros consultores da Lighthouse começa em mim.

Ele escreveu CEO em letras garrafais no quadro e virou para Shay como se fosse um professor universitário.

– Mas eles mudaram o significado da sigla. De chief *executive* officer para chief *executing* officer. Ou seja, de diretor-*executivo* para diretor *executante*.

Liam não viu Shay revirar os olhos, mas nem precisou.

– Eu sei o que você está pensando – continuou Liam –, parece besteira. "Grande coisa... Eles mudaram uma palavra."

Shay ficou aliviado por ver que Liam também tinha um jeito sarcástico.

– Mas depois de um tempo eu entendi que é uma mudança importante, se você pensar do ponto de vista gramatical. – Ele virou de volta para o quadro. – "Executivo" é um adjetivo. "Executante" é um verbo.

– Na verdade, executante também é adjetivo – explicou Shay, meio sem jeito. – Sou formado em Letras.

– Incrível! Cresci na Inglaterra e agora tenho que ouvir um maldito americano me dar aulas sobre meu próprio idioma – brincou Liam.

Ambos riram, desta vez de verdade.

– O importante é que a palavra "executante" transmite atividade – insistiu Liam. – O líder está envolvido na execução, em vez de ser um mero executivo.

– Mas eu ainda espero que toda essa conversa não se resuma à classe gramatical de uma palavra – resmungou Shay.

Liam pareceu agradavelmente surpreso.

– Foi isso mesmo que eu disse a eles da primeira vez que escutei esse papo! – Ele se sentou e continuou. – Eles me explicaram o seguinte: se você fizer uma pesquisa com 100 CEOs e perguntar quais são suas atividades diárias mais importantes, as tarefas que eles realmente executam, vai receber mais ou menos 35 respostas diferentes.

– Bem, todo mundo tem habilidades e interesses diferentes – disse Shay, dando de ombros. – Faz sentido, certo?

– Não, não faz o menor sentido – respondeu Liam abruptamente.

Shay franziu a testa, parecendo discordar. Liam esclareceu:

– O resultado da pesquisa faz sentido porque de fato os CEOs fazem um monte de coisas. Mas no fundo não faz sentido, porque não é disso que as empresas deles *precisam*.

– Não tenho certeza se concordo, mas continue.

– Certo. Vamos começar com você. Qual é a parte mais importante das suas tarefas diárias?

Imaginando que a pergunta de Liam era retórica, Shay não disse nada.

– Estou esperando a resposta – esclareceu Liam.

– Ah, desculpe! – Shay se recompôs. – Não sei. Faço tanta coisa que é difícil escolher a mais importante. Se quiser peço a Rita para dar uma olhada na minha agenda.

Liam assentiu pacientemente.

– Veja, não estou pedindo um detalhamento de quanto tempo você gasta em cada tarefa. Estou mais curioso para saber o que você realmente acha que faz pela empresa. Como você enxerga seu trabalho, seja em termos de verbos, adjetivos, ou como quiser chamar.

Shay respirou fundo.

– Bem, vejamos – disse, pensando por um momento. – Eu diria que minhas atividades mais importantes são analisar os números do financeiro e trabalhar com o pessoal de marketing e vendas.

Liam foi até o quadro e anotou as respostas enquanto Shay explicava.

– Fui diretor de marketing durante quatro anos antes de me tornar CEO, então essa é uma parte muito importante do meu trabalho. E como você bem sabe, no nosso ramo o marketing é fundamental. A All-American gasta cinco vezes mais do que nós em publicidade, portanto temos que trabalhar com mais inteligência que eles.

– Ótimo – assentiu Liam. – Que mais?

Shay olhou pela janela como que procurando a resposta na Baía de São Francisco.

– Outra tarefa que acho muito importante é lidar com o conselho administrativo. Se eu não deixar os investidores satisfeitos, a coisa fica bem feia por aqui.

– Tudo bem – disse Liam, acrescentando a informação ao quadro.

– Além disso, tem as coisas que preciso fazer para manter a máquina funcionando. Gerenciar. Lidar com os problemas dos funcionários e com as políticas internas.

Liam anotou.

– Eu diria que esses são os itens mais importantes. – De repente, Shay se lembrou de outra tarefa. – Ah, e tenho reuniões com nossos clientes de pequenas empresas e condomínios. Esse é um mercado extremamente lucrativo e preciso garantir nosso crescimento nessa área.

Esse foi o último item da lista, que ficou assim:

Analisar operações e finanças
Comandar marketing e vendas
Interagir com o conselho
Gerenciar e liderar
Interagir com clientes importantes

– Agora eu tenho mais duas perguntas – anunciou Liam. – E são importantes.

Shay se ajeitou na cadeira, como que se preparando. Ele tinha que admitir que estava quase gostando da conversa.

– Primeiro, vou pedir que você ordene essas atividades de um a cinco, de acordo com dois critérios: satisfação e importância. Um é melhor, e cinco, pior.

Liam criou as colunas "Satisfação" e "Importância" e entregou a caneta a Shay.

– Você não quer saber quanto tempo eu dedico a essas áreas?

– Não. Podemos falar sobre isso mais tarde, se for preciso. Primeiro vamos nos concentrar na satisfação e na importância.

Shay foi até o quadro se sentindo um aluno da quinta série tentando resolver um problema de matemática. Um minuto depois, terminou a tarefa.

	Satisfação	Importância
Analisar operações e finanças	5	3
Comandar marketing e vendas	1	2
Interagir com o conselho	3	5
Gerenciar e liderar	4	4
Interagir com clientes importantes	2	1

Shay se sentou de volta, e eles analisaram as informações no quadro.

– Em que está pensando? – perguntou Shay depois de um tempo e, antes de Liam responder, acrescentou: – Sua lista é parecida com a minha?

Liam olhou para o quadro e respondeu apenas:

– Não.

Shay franziu a testa, parecendo confuso, então Liam explicou:

– Minha lista só teria um dos seus itens. Mas a questão não é essa.

Shay olhou de novo a lista com base no comentário de Liam, tentando entender.

– Em relação ao que gosto de fazer, eu diria que nossos números são muito semelhantes... – continuou Liam.

Shay ficou aliviado.

– ... três ou quatro anos atrás, quer dizer. Mas hoje são bem diferentes. E acho que isso é parte do problema.

Shay ficou tenso e pensou em como encerrar a conversa antes da hora. Felizmente para ele, sua curiosidade era maior do que o medo de ser insultado ou de fracassar. Por pouco, mas era.

Descoberta

Shay decidiu ser o mais direto possível.
– Como seria a sua lista?
Liam foi até o quadro e riscou todas as atividades, exceto *Gerenciar e liderar*.

	Satisfação	Importância
~~Analisar operações e finanças~~	5	3
~~Comandar marketing e vendas~~	1	2
~~Interagir com o conselho~~	3	5
Gerenciar e liderar	4	4
~~Interagir com clientes importantes~~	2	1

– Ah, que é isso! – reagiu Shay. – Está me dizendo que não lida com vendas, marketing ou finanças?
Liam olhou para o quadro enquanto refletia sobre a pergunta, como se a resposta estivesse escrita ali.
– Bom, se você está perguntando se eu falo sobre esses assuntos com minha equipe, a resposta é sim, claro que falo. – Virou e voltou a olhar para Shay. – Mas, fora das reuniões, só me envolvo diretamente nessas atividades quando o chefe da área tem problemas e precisa de ajuda ou conselho.

– Ok, podemos chamar de ajuda, conselho ou do que for, mas você intervém nos assuntos de vendas e finanças, certo?
– Acho que não estamos falando da mesma coisa.

Shay encarou Liam, refletindo com todo o cuidado, como que tentando pensar numa estratégia para pegar o outro em sua própria mentira.

– Então está dizendo que só interfere nas decisões do marketing quando ocorre um problema ou quando o diretor ou a diretora do departamento...
– Diretora – esclareceu Liam.
– ... quando a diretora de marketing está com dificuldades ou precisa da sua ajuda.
– Isso mesmo.

Shay não se convenceu, mas se deteve por um momento. Por fim, se explicou:

– Eu me envolvo no marketing o tempo todo, talvez porque sei mais sobre essa parte do negócio do que qualquer outro funcionário. Eu comandava esse departamento.

Liam apenas assentiu, aparentemente sem fazer qualquer julgamento, e perguntou:

– Entendido. E com as finanças?
– Bem, em geral eu falo com o diretor financeiro todos os dias. Gosto de saber quais negócios foram fechados, que receita vai entrar, como anda o fluxo de caixa, coisas assim. – Com a sensação de que estava sendo julgado, Shay se defendeu: – Acho que o conselho espera que eu saiba exatamente o que está acontecendo com o dinheiro deles.
– Entendido – disse Liam, mais uma vez num tom impassível.

Shay olhou para as categorias no quadro e decidiu contestar seu autoproclamado mentor:

– Então você não lida com o seu conselho?
– Não. Quer dizer, eu tenho uma reunião trimestral com eles,

e sempre que alguém do conselho liga para tirar uma dúvida eu atendo, mas isso é bem raro. E só.

Shay estava começando a perder a educação.

– Acho difícil de acreditar.

Liam não recuou.

– Entendo, mas é a verdade. Quando assumi o comando da Del Mar eu avisei ao conselho que, a não ser que uma catástrofe estivesse acontecendo, só ouviria as considerações deles nas reuniões trimestrais. Foi uma das minhas condições para aceitar o cargo. No começo eles não gostaram muito, mas agora acho que estão aliviados.

Não havia nenhum tom de superioridade nas palavras de Liam, então Shay mudou a abordagem:

– Não me leve a mal, Liam, porque eu aprecio o fato de você ter vindo até aqui e tudo o mais. Só que eu simplesmente não consigo aceitar tudo o que você diz sem ficar com um pé atrás.

Liam abriu um sorriso gentil.

– Mas é normal ter um pé atrás mesmo. Esse é o único jeito de, com o tempo, ter os dois pés à frente.

Shay saiu um pouco da defensiva e tentou sintetizar seu ceticismo:

– Bem, então quer dizer que você passa quase todo o tempo liderando e gerenciando sua equipe?

Liam parou para pensar, como se quisesse ter certeza, mas por fim respondeu enfaticamente:

– Sim.

Shay sorriu. Parecia estar lutando contra um misto de incredulidade e condescendência. Liam não pareceu se importar.

– Talvez seu jeito de fazer as coisas seja diferente do meu – admitiu Shay.

– Talvez – respondeu Liam, sem se dar por vencido. – Mas você vai ter que me provar que o seu jeito está dando certo para a sua empresa. Vai me deixar contestar seu jeito de comandar a Golden Gate?

– Com certeza – disse Shay, sem muito entusiasmo. – Mas antes disso, podemos fazer uma pausa de quinze minutos para eu dar um telefonema?

– Claro! – Liam sorriu. – Só me diga primeiro onde ficam a copa e o banheiro, não necessariamente nessa ordem.

Onde estávamos?

Quinze minutos depois, quando Liam voltou, Shay estava terminando a ligação.

Liam notou que, enquanto estava no telefone, Shay havia escrito uma página inteira de anotações e fez questão de guardá-las numa gaveta da mesa, pegar um novo bloco de notas e voltar para o sofá.

– E então? Onde estávamos?

– Eu ia fazer algumas perguntas sobre como você trabalha – recapitulou Liam, um pouco desapontado por Shay não ter se lembrado.

– Certo. Vamos lá!

Liam notou que algo havia mudado em Shay. Ele parecia mais feliz e confiante. Mas deixou a impressão de lado e seguiu em frente.

– Bem, vamos mergulhar nos assuntos de liderança e gerenciamento que você acha que tanto me tomam tempo. Me fale um pouco das suas reuniões.

– O que você quer saber sobre elas? – perguntou Shay, sem qualquer sinal de estar na defensiva.

– Elas são eficazes? Você gosta delas? Qual é o seu papel? Me diga qualquer coisa.

Shay deu de ombros.

– Eu não gosto nem um pouco das reuniões. Quer dizer, quem gosta dessa chatice?

– O que você mais detesta nelas? – perguntou Liam, impassível.
– Por onde começar? Elas são longas demais. São frustrantes. Geralmente são um tédio. Algo mais?
– Bem, prepare-se para o que vou a dizer. – Liam fez uma pausa dramática. – Eu *adoro* reuniões.
Shay revirou os olhos.
– Qual é, cara?
Eles caíram na gargalhada.
– É sério – confessou Liam. – De longe, é a parte favorita do meu trabalho. – Ele esperou um momento para Shay revirar os olhos de novo, então continuou: – Mas o prazer que eu sinto nas reuniões não é a questão principal. O fundamental é que liderar as reuniões é uma das coisas mais importantes que faço.
Desta vez Shay não riu nem revirou os olhos. Apenas franziu a testa como que tentando descobrir se Liam era louco ou se deveria dar a ele uma chance de se explicar. Escolheu uma terceira opção.
– Liam, minha filosofia sobre reuniões é comparecer ao menor número possível delas. Sei que não posso faltar a todas porque algumas são fundamentais. Mas a maioria é maçante, e não posso me dar ao luxo de perder tempo.
Liam não falou nada, e Shay aproveitou o silêncio para fazer uma grande revelação:
– Além disso, passei metade da vida indo a reuniões só por obrigação. Por que continuar fazendo isso agora que não preciso?
Liam fez uma anotação no caderno e, sem qualquer tom de crítica, disse:
– Vamos mudar de assunto. Podemos voltar às reuniões mais tarde.
Shay fez cara de quem achou que tinha vencido aquela rodada. Pensou que Liam estava recuando, mas estava enganado.

Mais a fundo

—Vamos falar de gestão – disse Liam, mudando de assunto.
— Antes disso – interrompeu Shay –, a gente pode sair um pouco da minha sala? Estou ficando meio claustrofóbico. – Sem esperar uma resposta, continuou: – Que tal fazermos um passeio rápido pela empresa e depois encontramos outro lugar para continuar a conversa?

Liam concordou. Ambos se levantaram e saíram. Nos quinze minutos seguintes, os dois percorreram os corredores da Golden Gate Security e chegaram ao call center.

Embora o edifício fosse profissional e elegante, Liam achou a atmosfera obsoleta, com a maioria das pessoas trabalhando isoladas em suas mesas, em silêncio, sem a interação casual entre funcionários.

Shay apresentou Liam a alguns subordinados diretos, todos bastante simpáticos, embora nenhum parecesse animado ao ver o chefe. Shay ficou particularmente ansioso para apresentar Liam à diretora financeira, a última parada do passeio.

Jackie Loureiro, um gênio das finanças, era a executiva mais experiente de Shay e uma das poucas pessoas em quem ele confiava para trabalhar diretamente com o grupo de capital privado que financiava a empresa.

Jackie apertou a mão de Liam, o reconheceu e perguntou:
— O que traz nosso maior rival até aqui?
Liam sorriu.

– Você nos considera rivais? Acho que não somos, a menos que vocês estejam entrando no mercado do sul da Califórnia e eu não saiba.

– Eu não disse que somos concorrentes – respondeu Jackie com confiança. – Rival é diferente de concorrente.

– Diria que somos potenciais parceiros – interveio Shay.

Jackie riu, imaginando que ele havia feito uma piada. Liam decidiu esquecer o assunto.

– Liam estava me perguntando sobre meu jeito de trabalhar – disse Shay. – Achei que você teria algo a dizer.

– Eu descreveria da seguinte forma: *Só se mete quando a merda bate no ventilador* – respondeu ela e encarou Shay com um sorriso.

Liam notou que Shay não gostou da declaração e, para reduzir o constrangimento, rapidamente fez uma pergunta à diretora financeira:

– Shay é um tipo de gestor mais individual ou um cara de equipe?

– Os dois – respondeu Jackie, num tom bem-humorado. – Ele gosta de nos juntar numa sala para as reuniões de equipe, mas depois pede relatórios individuais sobre o que cada um está fazendo em sua área. Eu acho meio entediante, mas deve ser porque vejo tudo pela lente do financeiro.

– Então você imagina que é a única que acha a reunião um tédio? – perguntou Liam.

– Eu também acho um tédio! – interrompeu Shay, e os três riram. – E acredito que todos os outros pensam o mesmo.

Jackie concordou.

– A gente entende a importância das reuniões. Só não é o nosso jeito preferido de gastar duas horas de trabalho.

– Com que frequência vocês têm reuniões de equipe? – quis saber Liam.

– Toda semana – explicou Shay. – Segunda de manhã, das nove às onze, faça chuva ou faça sol.

– A não ser que a gente esteja viajando, falando com um cliente ou fazendo alguma tarefa crítica – corrigiu Jackie. – Aí dá para escapar das reuniões. É um dos melhores incentivos para se encontrar com analistas às segundas-feiras – completou ela, rindo, mas como se no fundo levasse esse raciocínio a sério.

Shay tentou mudar o rumo da conversa:

– Como eu disse, prefiro o trabalho de verdade a reuniões, então tentamos minimizar o tempo gasto nelas.

– Eu diria que aqui o foco é no resultado – complementou Jackie. – Se você não consegue justificar o que está fazendo para gerar impacto na receita ou nos nossos clientes, é porque está fazendo algo errado. – Ela olhou para o computador. – Aliás, tenho que retornar a ligação de um dos nossos consultores. É melhor eu voltar ao trabalho.

Liam e Shay agradeceram a Jackie pelo tempo dela e saíram da sala da diretora financeira.

Pressão

Por algum motivo, Shay resolveu continuar a reunião com Liam fora do escritório, então o levou para um almoço no Maria's, restaurante mexicano num bairro próximo chamado San Pablo. Como ainda era cedo, eles eram os únicos clientes.

Antes mesmo de servirem a entrada, Liam retomou as perguntas:

– Como você compararia Jackie a seus outros executivos?

Shay travou, surpreso com a pergunta.

– Ela certamente é boa no que faz. É a pessoa mais competente da minha equipe.

– E o que você me diz das habilidades interpessoais e da postura dela?

De repente Shay entendeu aonde Liam queria chegar.

– Ah, sim. Jackie é meio áspera, se é isso que está perguntando.

– Como assim?

– Bem, às vezes ela irrita as pessoas. Na verdade, ela enlouquece metade da minha equipe.

– Sério?

– Sim. Ela é contundente. Não confia nas decisões financeiras dos outros. Vive questionando os orçamentos – explicou Shay, indiferente.

– E como você se sente a respeito disso?

– Não sei. – Shay deu de ombros. – Quer dizer, preferiria que ela fosse mais diplomática, já estou cansado de ouvir reclamações.

– Você já disse isso para ela? – perguntou Liam, se esforçando para não parecer crítico ou condescendente.

Shay respirou fundo.

– Sim, nós já conversamos. Ela sabe.

– Jackie sabe como o comportamento dela afeta os outros executivos?

– Sim – respondeu Shay, sem confiança. – É bem óbvio, né?

– Acho que para ela não é tão óbvio assim.

Shay franziu a testa, pensando em como responder.

– O negócio é o seguinte, Liam, cada membro da minha equipe tem seus problemas. Jackie é muito direta. Karl é retraído. Margaret nunca acha que está errada. Todo mundo tem algum defeito.

– Sim, é assim com os meus funcionários também. Nenhum deles é perfeito.

Shay ficou feliz por Liam concordar com ele em alguma coisa. Então Liam terminou o raciocínio:

– E este é o meu trabalho: ajudá-los a melhorar.

De repente, a expressão e a postura de Shay mudaram. Liam achou que estava prestes a escutar uma resposta menos diplomática, mas então a garçonete chegou.

Quando ela anotou os pedidos e saiu, Shay percebeu que toda a hostilidade que estava sentindo segundos antes tinha se dissipado. Ainda assim, não tinha gostado nem um pouco do comentário de Liam.

– Escute, Liam. Meus contratados são adultos. Eles não precisam de mim para melhorar. A maioria trabalha em cargos de gestão há mais de uma década e essa é uma das razões pelas quais os escolhi. Se eu tiver que ficar em cima deles para mudarem de comportamento, é porque não deveriam ter sido contratados para começo de conversa.

Liam franziu a testa.

– E...?

– E o quê?

– Você contratou as pessoas erradas?

– Como assim?

– Quer dizer, você disse que Jackie, Karl e Mary...

– Margaret – corrigiu Shay.

– Certo, Margaret. Você disse que todos eles têm problemas. Por que não os demite?

– Eu não disse que eles são horríveis. Só disse que têm problemas. No geral são competentes.

– Mas esses problemas não afetam o desempenho deles?

Shay se sentiu um pouco frustrado.

– Não. Não sei. Todo mundo tem problemas.

A garçonete voltou com os pedidos, e Liam aproveitou o momento para pensar em como continuar a conversa.

– Shay, antes de seguirmos em frente, preciso lembrá-lo que não estou aqui para fazer um interrogatório. Eu vim para ajudá-lo a entender o que aprendi com a Lighthouse. Mas se eu estiver sendo muito duro...

– Não – interrompeu Shay, tranquilizando Liam. – Desculpe. Eu preciso dessa ajuda e aprecio seu gesto. Continue.

– Ótimo – respondeu Liam, com alívio.

Shay sentiu necessidade de se explicar:

– É que já carrego muita coisa nas costas e sinto que tenho assuntos mais importantes a tratar do que ensinar o Karl a se defender, por exemplo.

– Bem, se você acha que isso não vai afetar o desempenho dele, provavelmente está certo – disse Liam, sem conseguir disfarçar um certo tom de condescendência.

– Eu não disse que não afeta, só disse que não posso me dar ao luxo de passar todo o meu tempo bancando a babá.

Liam respirou fundo.

– Certo, Shay. Vou ser bem direto. Lembre-se, você acabou de dizer que precisa de ajuda.

Shay não disse nada, mas não pareceu se opor.

– Não é ser babá – continuou Liam. – É ser gestor. E esse é o seu trabalho.

Se Liam não tivesse avisado antes de fazer o comentário, talvez Shay tivesse perdido o controle. Mas, sabendo que estava prestes a ouvir algo desagradável, ele conseguiu manter a calma e retrucar:

– Talvez nossos estilos sejam diferentes. Talvez você ache natural ou fácil, ou talvez prefira fazer o trabalho de coach a se inteirar dos detalhes do negócio. Mas...

– Fácil? Natural? – interrompeu Liam, com uma expressão de choque e frustração. – Você só pode estar brincando.

Assustado com a mudança repentina de tom, Shay não disse mais nada.

– Provavelmente você não conhece meu histórico profissional, não é? – continuou Liam.

Shay fez que não com a cabeça.

Liam sorriu.

– Então agora a conversa vai ficar interessante.

Reputação

Liam tomou um grande gole d'água e continuou:
— Bom, Shay, eu tenho boas e más notícias. — Não esperou o outro escolher por qual começar. — A boa é que, depois de ouvir a minha história, você não vai mais achar que estou sendo condescendente. A má é que você não vai me convencer de que tudo se resume a uma diferença de estilos entre nós.
— Tudo bem — disse Shay, sem fazer a menor ideia do que estava por vir.
— Nove anos atrás, eu me tornei CEO de uma empresa em Londres. Era uma empresa bem-sucedida de serviços de tecnologia para residências no centro-sul da Inglaterra. Fazíamos de tudo, desde vídeos e áudios até tecnologias sem fio e inclusive uma ou outra coisa de segurança. Tem certeza de que não ouviu nada disso antes?

Com a boca cheia de batatas chips, Shay balançou a cabeça.

— O mercado vinha crescendo rápido — continuou Liam. — É só lembrar o que estava acontecendo uma década atrás. Estávamos no meio de um boom. Quando assumi o posto de CEO, éramos uma empresa de 12 milhões de dólares, sendo que um ano antes tínhamos faturado 3 milhões.

— Uau! — exclamou Shay.

— O nome da empresa era Domus. Significa "casa" em latim. Enfim: éramos os pioneiros do setor, tínhamos a melhor tecnologia, nossa marca era conhecida, nossos funcionários eram mais talentosos do que os da concorrência. Aliás, a nossa maior concorrente era a Bamboo Solutions, que tinha menos de um terço do nosso tamanho e estava atrás de nós em tudo, menos em um aspecto.

Ao perceber que havia despertado a curiosidade de Shay, Liam fez uma pausa dramática para aumentar o impacto do que estava prestes a dizer. Mergulhou uma batatinha no molho, levou à boca, mastigou e engoliu, para só então continuar:

– Eles tinham um CEO muito melhor do que o nosso.

Shay tomou um susto com a confissão de Liam.

– Pois é – concordou Liam. – Brandon Quinn, um irlandês, que nem de longe tinha a minha inteligência. Era mais jovem. Não possuía muita experiência na nossa indústria. Não chegava aos meus pés em capacidade de vendas, finanças, tecnologia ou estratégia. E não estou sendo arrogante. O coitado não era melhor do que eu em nada. Na verdade eu me sentia mal por ele.

– O que aconteceu, então?

– Para resumir, algo que minha mulher diz que não sei fazer, em menos de dois anos e meio Brandon Quinn e a Bamboo Solutions roubaram metade dos nossos clientes e um terço dos nossos melhores técnicos. Fui demitido antes mesmo de entender o que tinha acontecido.

– Como ele conseguiu fazer isso? – perguntou Shay, curioso.

– Bem, na época eu não sabia, mas quatro anos atrás, quando contratei a Lighthouse, descobri.

– E...?

Liam respirou fundo.

– E isso, meu amigo, é o que eu vim aqui ensinar.

Detalhes fundamentais

— Está bem, pode falar – incitou Shay, impaciente.

– Certo, mas se você revirar os olhos mais uma vez, vou jogar esse molho na sua cabeça.

Shay riu, Liam não.

– É sério – disse Liam, sorrindo, e emendou: – Quer dizer, não sobre o molho. Mas estou ficando um pouco cansado do seu cinismo. Só estou tentando ajudar.

Shay assentiu, surpreso com uma reclamação tão direta do inglês, que antes parecia tão afável.

– Ok – reconheceu Shay –, mas ainda não sei por que está fazendo isso por mim. O que você ganha com isso?

Liam sorriu.

– Olha, quando você passa pelo que eu passei e vê o caos que pode causar aos outros, não deseja isso para mais ninguém.

Shay assentiu, mas não estava totalmente convencido.

– E como disse, não somos concorrentes – continuou Liam. – Se eu puder ajudar você a fazer um estrago na All-American, vai ser bom para nós dois.

– Então, o que exatamente você aprendeu com a Lighthouse? – perguntou Shay, tentando retomar a conversa.

Liam bebeu um gole d'água.

– Aprendi que o trabalho mais doloroso da empresa é o meu.

Shay ficou completamente confuso.

Antes que Liam pudesse explicar, a garçonete chegou com a

comida e avisou que os pratos estavam quentes. Shay estava tão focado na frase de Liam que não prestou atenção e tentou segurar o prato assim que a garçonete o pousou na mesa.

– Caramba! Queimei a mão!

Meio envergonhada, a garçonete ainda tentou explicar que havia avisado.

– Sem problema – disse Liam. – Estávamos distraídos. Tudo certo.

A garçonete se afastou ainda um tanto constrangida.

– Então, você estava dizendo que tem o pior emprego da empresa – disparou Shay, se recuperando rapidamente e voltando ao assunto.

– O mais doloroso – corrigiu Liam.

– Dá na mesma. Minutos atrás você estava dizendo que adora reuniões e tudo mais.

– Aprendi a adorar – explicou Liam, com a boca cheia de *enchilada*.

– Sei... – disse Shay num tom condescendente – isso você vai ter que explicar melhor.

Após alguns segundos, Liam conseguiu engolir e continuou:

– Olha, eu realmente adoro o meu trabalho. Mas não amaria três anos atrás. Na verdade fazia de tudo para evitá-lo. – Liam fez uma pausa e tomou outro gole d'água. – Assim como você.

Shay quis se defender, mas não entendeu bem o que Liam estava dizendo.

– Vá em frente – pediu e continuou comendo.

– No fundo, eu sou um cara que veio do ramo da tecnologia – continuou Liam. – É o que cresci fazendo e é com o que me sinto mais à vontade. Eu focava meu trabalho nessa área até ser demitido na Inglaterra. E não me entenda mal, mas se eu pudesse ainda dedicaria meu tempo a isso. Mas não posso e não dedico.

– Por que não?

– Porque tenho um diretor de informações e um diretor de tecnologia exatamente para isso. Eu tenho que ser o CEO.

Shay balançou a cabeça.

– Não precisa ser oito ou oitenta. Quer dizer, sim, você tem que ser o CEO. Mas ainda pode focar na parte de tecnologia. Imagino que você seja melhor do que muitas das pessoas que contratou para essas áreas.

Liam balançou a cabeça.

– Talvez sim, talvez não. Mas a questão não é essa. A questão é que eu posso delegar as finanças, o marketing, as vendas, a tecnologia, as operações, tudo. Só não posso delegar o meu trabalho.

– Quem falou em delegar? Quanto do seu tempo você usa exclusivamente para ser CEO?

– Todo o meu tempo e um pouco mais.

Shay pousou o garfo.

– Você está me dizendo que comanda sua equipe e a empresa e por isso não tem tempo para se envolver em *nenhuma* outra área?

– Isso mesmo.

Shay riu.

– Talvez seja melhor *eu* lhe dar conselhos a partir de agora, Liam. Quer dizer, com que diabos você gasta todo o seu tempo?

– Finalmente chegamos ao motivo principal da minha visita. – Liam deu um sorriso sem graça. – E ao motivo de a Del Mar Alarm ter tirado seu sono.

Shay deu uma risada e perguntou:

– Bem, isso soa um pouco arrogante, não acha?

– E pelo jeito parece que você sabe ser um bom CEO – retrucou Liam. – Lembre-se, não fui eu que liguei para a sua empresa de consultoria.

Shay tomou um gole d'água para se acalmar, olhou em volta e viu o restaurante vazio. Pensou na esposa enquanto tentava dar uma resposta menos dura. Por fim, disse algo que ele próprio sabia que não estava sentindo:

– Você está certo. Não quis ser desrespeitoso. Você veio até aqui para me ajudar, e não estou sendo muito receptivo.

Liam ergueu a mão num gesto de rendição.

– Não, eu não devia ter dito o que disse. Eu, sim, fui desrespeitoso. É só que...

– Esquece. Vamos voltar aos seus conselhos. Está claro que eu preciso mais de ajuda do que você.

Liam ficou genuinamente surpreso com a gentileza e humildade de seu anfitrião, características que não havia testemunhado nas últimas horas. Mas logo descobriria que toda essa simpatia não passava de uma artimanha.

Trabalho sujo

— Sabe aquele programa de TV com o cara que passa o dia inteiro com pessoas que trabalham em coisas horríveis? – perguntou Liam.

– *Trabalho Sujo*? Meus filhos adoram! Deve ser que porque metade dos episódios tem algo a ver com cocô.

Liam riu.

– Talvez. Eu curto porque mostra pessoas que gostam do trabalho, mesmo fazendo algo que os outros não gostariam de fazer.

Shay se esforçou para não ser sarcástico.

– Sim, mas acho que meu trabalho não tem nada a ver com limpar cocô de jacaré ou uma tubulação de esgoto.

– E apesar disso é um trabalho que você não quer fazer.

– Ok, desisto – cedeu Shay, num tom sarcástico. – Qual parte do meu trabalho eu não gosto de fazer?

– Que tal começar pelas reuniões?

– Certo. Admito que não gosto delas. Acho uma perda de tempo. Mas já conversamos sobre isso.

Liam sorriu.

– Sim, conversamos, mas ainda não falamos sobre o *porquê*.

Shay se recostou e pensou a respeito.

– Acho que já conversamos sobre o porquê, sim. Elas são chatas. São uma perda de tempo. Não é motivo suficiente?

– Mas se eu perguntasse à Jackie ou a qualquer um dos seus

outros executivos, provavelmente eles concordariam que as suas reuniões de equipe são chatas e uma perda de tempo. Certo?

Shay deu de ombros, fazendo o possível para esconder o constrangimento.

– Sim, provavelmente – respondeu.

– Então eu pergunto: por que as suas reuniões são chatas e uma perda de tempo?

Shay respirou fundo e olhou para o vitral do outro lado do salão. Virou para Liam e tentou explicar:

– Acho que reuniões são assim mesmo. Não me lembro de já ter achado uma reunião boa alguma vez na vida. – Shay fez uma pausa, percebendo que sua resposta soou patética. – Quer dizer, não estou dizendo que é melhor parar com as reuniões. É nelas que descubro o que está acontecendo na empresa. Mas, a meu ver, nós temos que entrar na reunião, aguentar o tédio e sair dela para aí, sim, começar a trabalhar.

Liam assentiu, tentando não deixar Shay na defensiva.

– Entendi. Eu me sentia assim também.

– Sério?

Liam riu.

– Sim. Eu pensava exatamente como você.

– Então o que mudou?

– A primeira coisa que mudou foi que os consultores da Lighthouse me fizeram ver que as reuniões são a atividade mais importante de um CEO. E que reuniões ruins, chatas e ineficazes aconteciam por minha culpa e eram letais para a empresa. Enquanto eu não entendesse isso de vez, nenhuma tática ou ferramenta de trabalho em equipe faria a menor diferença.

Shay se retraiu.

– Hum, não sei se concordo – disse, inseguro.

– Assim que aceitei essa realidade, não foi difícil tornar as reuniões mais interessantes e eficazes.

Querendo mudar de assunto e descobrir se Liam teria conselhos melhores para dar, Shay fingiu embarcar na ideia:
– Então foi nisso que a Lighthouse ajudou você?
Liam assentiu.
– Esse foi apenas o primeiro passo para as melhorias.
– Eles ajudaram no que mais?
– Você não vai gostar do que vem agora – respondeu Liam, com um sorriso gentil.

Humano

Shay riu da advertência de Liam.

– Existe algo pior que reuniões?

– Acho que sim. – Liam também riu. – Algo que leva mais tempo e requer mais energia.

– Xiii, ok, manda!

– Gerenciamento de pessoas, começando pela sua própria equipe, para garantir que eles trabalhem juntos e se afastem de politicagem e confusões.

Shay ficou aliviado e até um pouco animado.

– Ah, então você está falando sobre integração de equipe. Nós participamos de um retiro anual. Viajamos para algum lugar, fazemos atividades e nos relacionamos em grupo.

Shay parecia orgulhoso de ter uma boa resposta.

– Não – disse Liam, balançando a cabeça –, estou falando do que acontece no dia a dia da sua equipe. Fazer com que todos sejam sinceros uns com os outros e tenham discussões produtivas. Criar um ambiente no qual todos possam criticar abertamente e com educação quem não estiver rendendo o suficiente ou não estiver levando o trabalho a sério.

– Ah, odeio essas coisas, realmente não tolero! – disparou Shay, sem hesitar.

Liam não tinha certeza do que Shay queria dizer, mas tentou ser positivo.

– Ótimo! Então o que você faz nessas situações?

– Digo que não vou tolerar grosserias, politicagens ou infantilidades.

– Isso funciona? Se eu perguntar à Jackie ou ao Karl se os colegas são abertos e sinceros uns com os outros, ou se tem muita politicagem na equipe, o que acha que eles diriam?

– Bem – disse Shay, de repente mostrando um certo desânimo –, provavelmente eles diriam que ainda temos muito a evoluir nessa área.

– E o que você está fazendo a respeito?

– O que é que *você* faz a respeito? – retrucou Shay, acuado.

Liam riu.

– Tenho muitas conversas diretas e desconfortáveis com os meus funcionários.

Shay olhou para o chão.

– Nossa, eu detesto fazer isso.

Depois de um momento constrangedor, os dois CEOs caíram na gargalhada, de uma forma quase ridícula.

– A boa notícia é que isso é algo que poucas pessoas no mundo gostam de fazer – assegurou Liam.

Shay concordou com a cabeça e Liam continuou:

– E era isso que eu queria dizer quando falei que você deveria ter o trabalho mais doloroso da empresa. – Ele fez uma pausa para Shay assimilar a ideia. – Se o CEO não confronta as pessoas sobre seus problemas, por mais desagradável que seja, ele não pode esperar que ninguém mais faça isso por ele. Sim, é chato, mas tem que ser feito.

– Como no caso da Jackie – admitiu Shay.

– Sim, como no caso dela e de qualquer outra pessoa que precise ser confrontada.

Com uma animação repentina, Shay se levantou da cadeira e perguntou:

– E você vai me dizer que também gosta dessa tarefa?

– Bem – Liam tentou escolher as palavras com cuidado –, eu não diria que gosto. Quer dizer, toda vez que preciso fazer isso, fico tentado a me esquivar.

– Você já passou por situações muito desagradáveis?

Liam pensou por alguns momentos e de repente deu uma risada desanimada ao lembrar uma situação recente.

– Semanas atrás tive que pedir ao meu chefe de vendas para não cantarolar durante as reuniões.

– Você disse *cantarolar*?

Liam assentiu.

– Ah, qual é! – protestou Shay. – Isso é ridículo. Achei que você estivesse falando de negócios: perder prazos, irritar clientes. Mas... cantarolar?

Liam deu de ombros e riu.

– Eu sei. Parece esquisito. Mas isso estava enlouquecendo as pessoas. Elas perdiam o foco.

Shay deu uma risadinha com um leve tom de crítica, mas Liam não hesitou:

– Também chamo a atenção quando eles checam o celular durante as reuniões. Tive que dizer ao meu chefe de vendas para falar menos e fazer mais perguntas. E muitas vezes tive que confrontar membros da equipe quando achava que eles não estavam passando tempo suficiente gerenciando seus subordinados. – Ele fez uma pausa. – E, sim, também tenho que estar pronto para cobrar metas e prazos quando necessário. Mas isso é muito mais fácil do que as questões comportamentais.

– Imagino que sim – admitiu Shay –, mas a parte comportamental não é tão importante.

– E quanto a Jackie? – perguntou Liam, de imediato.

– O que tem ela?

– Quanto você e sua equipe ganhariam se você a fizesse ser mais prestativa e diplomática?

Shay balançou a cabeça.

– Não sei, mas se ela não der um jeito de reduzir nossas despesas em 4% no ano que vem, talvez eu tenha que demiti-la.

Liam franziu a testa.

– Brincadeira. Só estou tentando dizer que, se ela fizer bem o trabalho, não me importo que ela tenha mau hálito, peide durante as reuniões ou cante no refeitório.

Liam não conseguiu segurar a risada.

– Mas você está ignorando o efeito que ela causa nos outros. E isso afeta a capacidade deles de fazer cortes nos orçamentos e trabalhar direito. Você tem que entender isso, Shay.

– Pode ser. Mas não vou sair por aí tratando executivos adultos como um bando de alunos de ensino médio. Todos nós somos maduros o suficiente para lidar com as peculiaridades de cada um sem fazer disso um grande problema.

Liam não disse nada. Quando Shay viu que a conversa não estava avançando, decidiu buscar um denominador comum:

– Será que não existe mais de um jeito de fazer a mesma coisa? Vai ver eu e você temos formas diferentes de trabalhar.

Liam assentiu, mas sem entusiasmo. Shay continuou seu argumento:

– Olha, se eu fecho um ótimo negócio com um parceiro estratégico, encontro um jeito de adquirir uma empresa por um bom preço ou uso minhas habilidades de vendas e negociação para conseguir um grande cliente, estou mais do que compensando a desvantagem de permitir que pessoas como Jackie sejam um pouco rudes de vez em quando.

– Bem, talvez eu tenha um jeito diferente de fazer a coisa – replicou Liam gentilmente.

Ele decidiu recuar, e os dois passaram a meia hora seguinte falando sobre como lidar com os desafios de seus negócios, como encarar a concorrência e as regulamentações governamentais, além de outros assuntos específicos do setor. Foi a parte mais agradável da conversa até então.

Por fim, a garçonete colocou a conta na mesa. Liam agradeceu e estendeu a mão para pegar o papel.

– De jeito nenhum, meu amigo! – disparou Shay. – Você vem aqui e me oferece todos esses conselhos de graça, então o mínimo que posso fazer é pagar... – ele pausou e olhou para a conta – ...23 dólares e 15 centavos pelo almoço.

Ele deixou trinta dólares na mesa, olhou para o relógio e, com um entusiasmo injustificado, disse:

– Vamos continuar essa conversa no meu escritório.

Liam não tinha a menor ideia do que o aguardava.

Armadilha

No caminho de volta, Shay ligou para sua assistente, Rita, e disse apenas quatro palavras:
– Vamos chegar à uma.
Liam se perguntou qual era importância da hora de chegada, mas deixou para lá.
Quando entraram no estacionamento e saíram do carro, Shay fez um comentário que deixou Liam com a pulga atrás da orelha:
– Sabe, eu realmente respeito você, Liam. Agradeço por você ter vindo aqui. Quero que saiba disso.
Liam parou por um instante, então, antes de fechar a porta do carro, disse:
– Certo, tudo bem. Obrigado.
Quando entraram no prédio, Rita os esperava.
– Joe e Kerry estão na sala de conferência lá em cima.
– Obrigado, Rita.
Enquanto subiam a escadaria para a melhor sala de conferência do edifício, Liam perguntou:
– Você está esperando alguém?
– Tem algumas pessoas que quero que você conheça – respondeu Shay, confiante.
Liam olhou para o topo da escadaria e viu um homem e uma mulher bem-vestidos observando a Baía de São Francisco.
– Obrigado por virem assim de última hora, pessoal – agradeceu Shay, como se estivesse falando com amigos íntimos.

Eles viraram.

– Este é Liam, CEO da Del Mar Alarm.

O homem foi o primeiro a falar:

– Ouvimos comentários excelentes sobre você, Liam.

Enquanto ele e a mulher apertavam a mão de Liam, Shay os apresentou:

– Liam, estes são Joe Werblun e Kerry Ryder.

– Pode me chamar de Joey.

Liam não entendeu o motivo da presença deles.

– E o que vocês fazem? – perguntou.

Joey olhou para Shay.

– Ah, vocês ainda não falaram disso?

– Não, achei melhor esperar – respondeu Shay.

Kerry hesitou, mas por fim interveio:

– Bem, nós somos da Bayside Partners. Somos os investidores que escolheram Shay para o cargo de CEO da Golden Gate.

Intrigado, Liam olhou para Shay, que, incapaz de adiar mais aquele momento, olhou para o chão, depois ergueu a cabeça e, se dirigindo a Liam, anunciou:

– Quero comprar sua empresa, meu amigo.

Shay esperou para ver a reação do CEO britânico. Liam apenas franziu a testa, como se não fosse capaz de processar o que havia acabado de escutar.

– Vamos fazer de você um homem muito rico, Liam – continuou Shay.

Ele e os investidores se sentaram à mesa da grande sala, e Liam os seguiu em estado catatônico. Quando todos estavam acomodados, Joey foi primeiro a falar:

– Sei que é inesperado, mas Shay nos ligou hoje de manhã. Descreveu sua empresa e a ideia de montar um rival regional à altura da All-American Alarm e decidimos aproveitar a oportunidade.

Liam começou a se recuperar do estado de choque, e seu rosto ficou corado.

– Por qual motivo vocês acham que comprar a Del Mar é algo viável?

– Ora, a Golden Gate Security está cheia de dinheiro, muito mais do que vocês em San Diego – explicou Joey, educadamente. Fez ainda uma pausa, antes de continuar. – E, bom, nós ligamos para alguns membros do seu conselho.

– O que eles disseram? – perguntou Liam, desesperado. – Não acredito que eles...

Kerry interrompeu.

– Na verdade eu falei com Tom e Kathryn, e eles disseram que não havia a menor chance de aprovar algo assim.

Liam ficou visivelmente aliviado.

– Certo. Eu não imaginava que...

Desta vez foi Joey que o interrompeu.

– Até que revelamos quanto estávamos dispostos a pagar. Ao ouvir o valor eles mudaram de postura.

– E o conselho da Golden Gate? – pressionou Liam. – Eles acham uma boa ideia?

Shay assentiu.

– Quando compartilhei seus números, eles me disseram para agir rápido.

– É por isso que estamos aqui – explicou Kerry. – Achamos que há uma janela de oportunidade que pode se fechar mais rápido do que gostaríamos. Também estamos contatando duas das maiores empresas do ramo em Los Angeles e Phoenix, para concorrer com a All-American Alarm na Costa Oeste.

Liam acenou de leve com a cabeça, apenas para indicar que ouvia. O choque estava dando lugar à resignação.

– Vocês não esperam que eu me comprometa com nada agora, não é?

Joey riu.

– Não, claro que não. Viemos aqui para mostrar que estamos falando sério. Shay achou que seria mais eficaz do que uma ligação ou uma conversa por vídeo. Mas gostaríamos de acelerar e tentar fechar a aquisição até o final do ano fiscal da Golden Gate.

– Ou seja, em dois meses e meio – acrescentou Shay.

Liam assentiu com uma expressão impassível.

– Certo. Então, tem algo específico que vocês queiram de mim hoje?

Joey e Kerry se entreolharam, viraram para Liam e balançaram a cabeça.

– Não – respondeu Kerry. – Por ora temos que cumprir certas burocracias iniciais antes de apresentar uma proposta concreta. Avisaremos quando estivermos prontos para conversar novamente e, se tudo correr bem, gostaríamos de ir ao seu escritório em breve para uma visita.

Liam deu um sorriso amarelo e acenou novamente com a cabeça.

– Está bem, então. Foi um prazer conhecê-los – falou, o rosto ainda impassível.

Entendendo que Liam não tinha mais nada a dizer, os investidores se levantaram, trocaram apertos de mão com Shay e saíram da sala. Quando voltou a seu escritório, Shay parecia um pouco nervoso.

– Bem, sei que isso é um tanto chocante, Liam.

Liam ficou atordoado.

– Você acha mesmo? – retrucou, com uma mistura de raiva e sarcasmo.

– Mas também acho que é o movimento certo na hora certa – continuou Shay.

Silêncio.

Por fim, Liam falou, mal contendo as emoções:

– Shay, para mim seria muito fácil ficar furioso com você. – Ele fez uma pausa. – Na verdade, se eu ainda tivesse as luvas de boxe que meus pais guardavam na nossa garagem, ficaria tentado a colocá-las para dar uma surra em você. – Fez outra pausa. – Mas isso não faz meu estilo.

Shay deu um sorriso tímido e sem jeito.

– Sorte a minha!

Liam ignorou a tentativa de piada.

– E você deveria estar muito feliz por eu não ter dito na frente dos investidores o que vou lhe dizer agora.

– Agradeço por isso – respondeu Shay, sem saber exatamente a que Liam se referia.

– Ótimo. Porque precisamos continuar a conversa que estávamos tendo. E se você achou que eu fui muito direto durante o almoço, se prepare.

O sorriso de Shay desapareceu.

Tirando as luvas

—Acha mesmo que nossa conversa ainda importa? – perguntou Shay. – Quer dizer... pergunto isso em função de tudo o que está acontecendo.

Liam respirou fundo.

– Você realmente não entende, não é?

– Acho que não – respondeu Shay, de forma pouco convincente.

– Está achando que vai conseguir dar continuidade ao que nós estamos fazendo na Del Mar? – perguntou Liam, e não esperou a resposta. – Acha que nossos números não têm nenhuma relação com tudo o que estou falando?

Shay não respondeu, mas parecia discordar de Liam.

– A razão dos seus números serem piores do que os nossos é porque você não está fazendo seu trabalho – disparou Liam, levantando-se da cadeira. – Você nem ao menos gosta do seu trabalho.

– Alto lá – interrompeu Shay, agitado.

Liam continuou:

– Você comanda reuniões horríveis e não se importa. Não gerencia seu pessoal ou sua equipe e não se importa. Não consegue ter conversas desconfortáveis com eles. Passa a maior parte do tempo fazendo só o que tem vontade de fazer.

Shay não refutou e Liam avançou:

– Não percebe que o seu trabalho é fazer o que ninguém mais na empresa pode fazer a não ser você?

Shay pareceu não ter uma resposta. Por fim, deu uma explicação patética:

– Talvez eu prefira delegar.

– Ah, não! – Liam levantou a voz. – Você não está delegando. Está abdicando.

Em questão de minutos, a postura de Shay mudou de confiante para acanhada e defensiva.

– Sua crítica é só essa? Que eu não gosto de reuniões nem gosto de ser babá dos meus subordinados?

– Não, não é só isso. E não é uma questão de não gostar de reuniões e bancar a babá, mas de manter seu pessoal engajado nas conversas mais importantes e garantir um alto desempenho. – Ele fez uma pausa. – Mas até que faz sentido, tendo em vista que seus padrões para si mesmo são bem baixos.

– Isso é mentira! – exclamou Shay, furioso. – Eu trabalho muito por este lugar. E só porque aproveitei a oportunidade para comprar a sua empresa, não lhe dá o direito de... – ele fez uma pausa procurando as palavras certas –... ser um babaca.

Liam não respondeu. Quando teve certeza que Shay havia terminado, disse:

– Você tem toda razão. – Fez uma pausa. – E ao mesmo tempo está errado.

Shay não pareceu nem satisfeito nem zangado, e Liam continuou:

– Eu não tenho o direito de ser um babaca, e meu último comentário foi duro.

Shay ainda estava com raiva, mas balançou os ombros como se dissesse: *Tudo bem, nada de mais.*

– E no que estou errado?

– Você não vai gostar de escutar, mas eu tenho que dizer de qualquer maneira. – Liam fez uma pausa. – Você pode estar trabalhando duro, mas não pela empresa.

– Que diabos isso significa?

Liam sabia que seu adversário poderia socá-lo pelo que estava prestes a dizer, mas respondeu:

– Você está fazendo isso por si mesmo.

Para grande surpresa e alívio de Liam, Shay pareceu mais triste do que com raiva e tudo o que disse foi:

– Fale mais sobre isso.

Foi quando Liam entendeu que ainda havia esperança.

Jugular

Liam voltou para a mesa e se sentou ao lado de Shay.
– Preste atenção. Não vou mais dar moleza aqui.
– Você estava dando moleza antes? Porque se isso é o que chama de dar...
Liam interrompeu.
– Não, não é isso. Mas eu poderia ter sido muito mais cruel.
– Tudo bem – respondeu Shay, com uma estranha mistura de sentimentos.
– Então aqui vai, em poucas palavras: você está fazendo as coisas que gosta de fazer, e não o que sua empresa precisa que você faça. É por isso que o desempenho da Golden Gate está tão atrás do nosso. – Liam fez uma pausa. – Você precisa acreditar em mim, estou falando a mais pura verdade.
Shay aceitou o que escutou.
– Daqui a alguns minutos eu vou lhe fazer uma pergunta. Você vai ter que pensar antes de responder porque preciso de uma resposta sincera. É fundamental.
– Por que não me pergunta agora?
Liam balançou a cabeça.
– Acho que você será capaz de responder melhor daqui a pouco.
Shay sorriu.
– Você é um cara estranho, Liam. Quer dizer, num momento quer me dar um soco na cara. No seguinte tenta me ajudar.

– Bem, eu continuo querendo dar um soco na sua cara. Mas acho que ainda podemos esclarecer tudo e evitar uma tragédia.

Shay parou de sorrir.

– Ou talvez eu possa convencê-lo de que não seria uma tragédia – rebateu.

– Isso me deixaria muito feliz – disse Liam, então se levantou, foi até o quadro e escreveu o seguinte:

Coisas que eu evitava quando era um mau CEO

Comandar reuniões produtivas

Gerir minha equipe de executivos como grupo

Gerir minha equipe de executivos como indivíduos

Ter conversas difíceis

Manter uma comunicação constante transmitindo as principais mensagens aos funcionários

Liam virou para trás e viu Shay estremecer ao ler os itens no quadro.

– Você tem que parar com isso. Se olha para essa lista e fica apavorado, aí é que não tem jeito.

Shay balançou a cabeça.

– Certo, o que mais?

Ele fez um círculo ao redor de "Gerir minha equipe de executivos como grupo" e Shay franziu a testa.

– Você já falou desse assunto.

– Não, falei sobre confrontar pessoas sobre assuntos desconfortáveis. Aqui me refiro a ter conhecimento suficiente sobre o que elas estão fazendo para assim oferecer o suporte necessário.

– Acho que eu faço isso muito bem. Você se lembra do que a Jackie disse hoje de manhã, certo?

– Sim, mas acho que estamos lembrando de coisas diferentes. Pode me dizer o que está pensando?

– Bem, ela disse que só me meto quando a merda bate no ventilador, aí eu me envolvo e assumo as rédeas.

– Então vou lhe fazer uma pergunta.

– É a grande pergunta?

– Não, é pequena. Mas fundamental. – Ele fez uma pausa. – Quando a merda bate no ventilador, você fica surpreso? Ou vê acontecendo e...

Shay interrompeu:

– Sempre me surpreendo. Não fico nada feliz, e por isso eles não querem que eu me envolva.

– Então, quando você diz que não se mete, você não se envolve mesmo?

Shay assentiu.

– Exato. Eu contrato pessoas que têm muita experiência e não precisam ser gerenciadas.

– Por que acha que elas não precisam ser gerenciadas? Aliás, por que alguém não precisaria ser gerenciado?

– Não sei. Se estou pagando bem, acho razoável esperar que elas saibam se gerir sozinhas. São todos adultos.

– Então o que exatamente você acha que é gestão?

– Para mim é estabelecer metas, fazer análise de progresso, esse tipo de coisa. Foi o que fiz durante vinte anos. Agora que sou CEO, é diferente.

– Diferente como? – perguntou Liam, com a paciência de um advogado de acusação.

– Não sei. Olha, se um CEO tiver que ficar examinando tudo o que seus executivos fazem, é porque contratou as pessoas erradas. Eu não vou ficar microgerenciando um diretor de operações de 52 anos e acho que meu pessoal prefere essa minha abordagem.

– Não se estiverem fracassando.

– Se isso acontecer, eu vou intervir e ajudar.

– Ou seja, vai fazer o trabalho deles, sobretudo se for em marketing, vendas ou fusões e aquisições?

– Seja o que for. Eu ajudo.

Liam decidiu mudar o raciocínio:

– Então durante suas reuniões...

– De volta às reuniões? – interrompeu Shay, rindo com sarcasmo.

– De volta às reuniões – repetiu Liam, e olhou para o quadro como se buscasse algo naquelas palavras. – Descreva exatamente o que acontece nas suas reuniões de equipe.

Shay respirou fundo, parecendo frustrado.

– Como assim? – perguntou.

– Como você conduz as reuniões? O que você faz primeiro, segundo, etc.?

Shay balançou a cabeça, mas respondeu:

– Geralmente começo pedindo que Jackie apresente os números. Dependendo do que ela traz, eu faço muitas perguntas. Se estamos mal na receita de serviços, pergunto o motivo ao Karl. Se for um problema de despesas, pergunto ao departamento que cuida do orçamento. Depois, todos à mesa falam sobre o que têm feito e às vezes ainda discutimos sobre qualquer problema que esteja acontecendo.

– Tipo o quê?

– Qualquer coisa: um grande cliente que estamos tentando conquistar, uma nova campanha publicitária ou... – Ele fez uma pausa. – Sei lá, o planejamento da festa de Natal. O que quer que esteja acontecendo no momento.

– E quanto a tecnologia, RH ou operações?

Shay balançou a cabeça.

– Não é meu forte. Graças a Deus tenho Ben trabalhando comigo. Já Margaret é ótima nas operações. Além disso, as questões de RH geralmente são mais delicadas.

– De novo, você só trata dos assuntos que conhece.

Shay deu de ombros, depois assentiu.

– As coisas que gosta de fazer – continuou Liam.

Shay concordou sem entusiasmo, então rebateu:

– Mais cedo você disse que não tem tempo para se envolver nos departamentos dos seus executivos e que ocupa todo o seu dia sendo o CEO. Agora está me dizendo que preciso microgerenciar as pessoas.

Liam balançou a cabeça.

– Primeiro, não disse que faço o trabalho do meu pessoal. Eu apenas os treino, cuido para que tenham um bom plano e me informem de qualquer problema importante antes que seja tarde demais. Isso não é microgerenciamento.

– Mas parece.

Liam balançou a cabeça.

– Não. Isso é gestão. As únicas pessoas que chamam isso de microgerenciamento são os funcionários que não querem ser responsabilizados.

Shay pareceu aceitar a lógica. Liam terminou seu raciocínio:

– E CEOs que não querem gerenciar nada.

– Ui! – exclamou Shay, num tom sarcástico.

– Só porque alguém tem 40, 50 ou 60 anos e experiência de sobra, não significa que não precise ser gerenciado. Gerenciamento não é uma forma de punição nem sinal de falta de confiança. É o benefício de ser direcionado, orientado. Até o melhor jogador de futebol do mundo precisa de um técnico.

– Está falando de futebol americano ou do futebol que vocês jogam com os pés? – provocou Shay.

Liam não estava com ânimo para levar aquela tentativa de piada na esportiva.

– Você sabe do que estou falando. Os melhores golfistas, tenistas e atletas de vários outros esportes pagam muito bem aos técnicos. Por que acha que um chefe de marketing, vendas ou finanças não precisa disso? E isso para não falar em gerenciá-los como uma equipe.

Shay deu de ombros.

– É sério, Shay – persistiu Liam, mais contundente. – O CEO que não gerencia seus subordinados só porque pode se esquivar da tarefa está sendo negligente.

– Desculpe se ainda pareço cético. Pensei que a consultoria da Lighthouse tinha lhe oferecido algo um pouco mais... – Ele fez uma pausa, procurando as palavras certas. – ... concreto. Isso tudo é muito tênue.

Liam respirou fundo.

– Podemos fazer uma pausa de dez minutos? Agora sou eu que preciso fazer uma ligação.

Shay olhou para o relógio.

– Claro. Ainda temos muito tempo até o fim do dia, e eu também preciso fazer uma ligação rápida para o meu conselho. Nos encontramos aqui às duas.

Quando Shay saiu, Liam fez uma rápida oração, torcendo para que Amy estivesse disponível.

Skype

Quando Shay voltou, encontrou Liam conversando por vídeo com uma mulher. Fez um gesto para chamar a atenção dele e pedir permissão para entrar.

Liam acenou para ele entrar.

– Ele está aqui agora, Amy – avisou Liam para a pessoa na tela do notebook. Então virou para Shay e os apresentou: – Shay, esta é Amy Stirling, com quem você falou na semana passada. Ela é uma das principais consultoras da Lighthouse, e trabalhamos juntos há três anos.

Shay se sentou em frente ao notebook e a cumprimentou com confiança:

– Oi, Amy. Prazer em conhecê-la. Eu aprecio o fato de Liam estar compartilhando comigo o que você tem feito por ele.

– Aprecia mesmo? – perguntou Amy, sem qualquer tom de sarcasmo ou crítica.

– Ah, sim. Quer dizer, é sempre bom aprender coisas novas – respondeu Shay, educadamente.

– Eu só tenho dez minutos antes de ter que voltar para uma reunião, então serei direta, se não for problema para você.

– Por favor.

– Liam acha que você não tem tanto interesse em aprender coisas novas. Talvez ele não tenha explicado bem o que nós fizemos com a Del Mar. É como você se sente?

Shay desviou da pergunta:

– Amy, serei bem objetivo com você: não vejo como todo esse papo sobre reuniões, gestão de pessoas e conversas desconfortáveis pode determinar o sucesso de uma empresa. Não é que eu não enxergue valor nessas situações, mas nem todo CEO trabalha dessa maneira.

Amy refletiu sobre a resposta de Shay e disse:

– Você não é o primeiro CEO que afirma isso. Na verdade parece muito com Liam anos atrás.

Liam acenou para Shay como se dissesse: *Viu, eu avisei.*

– Vou tentar me expressar do modo mais claro possível – continuou Amy. – Se suas reuniões são ruins, as decisões que vocês tomam são ruins. Não há como escapar disso. E vocês provavelmente não estão discutindo os assuntos mais importantes.

Shay estava prestes a retrucar, mas Amy insistiu:

– E se as suas reuniões são ruins, existe uma chance enorme de seus executivos também estarem tendo reuniões ruins com as próprias equipes. É um efeito cascata. E o único responsável por tornar as reuniões eficazes é você, mais ninguém. Você não pode delegar esse trabalho. Ele é seu, só seu.

– Eu sei, eu sei – admitiu Shay, na defensiva. – Isso é o que Liam vem me falando esse tempo todo. Ele disse que não estou gerenciando meu pessoal, que não estou tendo as conversas difíceis, mas necessárias. Eu entendo, mas não concordo integralmente com esse ponto de vista. Não é assim que eu sou. Não é nisso que sou bom.

– Liam mencionou o que você não pode delegar de jeito nenhum?

– Não sei. Tem mais?

– Sim. Você também tem que ser a principal ferramenta de comunicação da empresa.

– Bem, eu sempre me envolvo bastante no marketing e...

– Não, estou falando de comunicação interna – interrompeu Amy. – Comunicação direta com seus funcionários.

– Sim, eu faço isso. Todo início de ano temos um grande evento com todos os vice-presidentes. Logo depois eu reproduzo um vídeo de pronunciamento oficial. Além disso, tento visitar os escritórios fora da sede uma vez por trimestre. Não sou mau nessa área.

– Tudo isso é ótimo. Mas estou falando de ser uma lembrança constante e incessante do propósito, da estratégia, dos valores e das prioridades da empresa. Eu costumo dizer que você não é só o CEO, você é o CRO, *chief reminding officer*, diretor-executivo da memória.

Antes que Shay pudesse perguntar, ela explicou:

– Alguém que esteja sempre contando a história da empresa e relembrando seus objetivos aos funcionários antigos e aos que acabaram de chegar. Nunca é demais falar sobre os assuntos mais importantes.

Shay não ficou animado com o que ouviu, mas tentou se redimir aos olhos dessa suposta especialista:

– Trimestralmente eu envio um relatório de negócios com as principais atualizações dos clientes e os números de vendas.

– Certo – continuou Amy –, mas seu chefe de vendas ou o diretor financeiro podem fazer isso. Estou falando de aspectos mais fundamentais, como manter as pessoas focadas, alinhadas e engajadas com o que fazem, sabendo por que estão cumprindo aquelas tarefas.

Shay respirou fundo, frustrado.

– Escute, Amy. Tenho certeza de que você e a sua empresa fazem um trabalho maravilhoso. E tenho certeza de que várias empresas se adaptam muito bem à sua mensagem.

Liam queria berrar com Shay, mas manteve a calma e o deixou continuar.

– Mas eu simplesmente não acredito que meu tempo seria mais bem utilizado se eu fizesse tudo isso que você está dizendo. Eu sou um negociador. Sou bom em fechar acordos, em explicar por que a solução da Golden Gate é a ideal para os nossos clientes, em convencê-los a se tornarem clientes para quando a coisa ficar feia. Essa é a razão principal do nosso sucesso.

Silêncio. Tempos depois Liam descobriria que a própria Amy precisou se esforçar para não perder a paciência com Shay. Por fim, Amy usou sua arma mais perigosa:

– Eu tenho uma pergunta para você, Shay. É a mais importante de todas. Não quero que você responda de imediato, quero que pense bem antes. E, por favor, seja completamente sincero.

– Esta é a grande pergunta que você ia me fazer mais cedo? – perguntou Shay olhando para Liam um pouco mais animado.

Liam assentiu.

Shay virou para a tela e declarou:

– Está bem.

– Shay, por que você quis ser CEO? – Ela fez uma pausa. – Ou melhor: por que você *ainda* quer ser o CEO da Golden Gate Alarm?

– Golden Gate Security – corrigiu ele.

– Desculpe. Pense por um minuto antes de responder. Estou muito, muito curiosa para saber a resposta. – Quando viu que Shay ia começar a falar, Amy o interrompeu. – Por favor, pense por um minuto inteiro antes de responder.

Shay olhou pela janela e se espreguiçou, do mesmo jeito que seu cachorro fazia todas as manhãs. Ninguém falou. Ele parecia refletir, concentrado.

Após cerca de 45 segundos, Shay quebrou o silêncio:

– Tenho uma resposta.

Amy acenou com a cabeça.

– Ótimo, vá em frente.
– Não sei – respondeu ele, com toda a naturalidade.
– Não sabe?! – perguntou Liam, incrédulo.
Amy estava sorrindo na tela.

Descoberta

Shay balançou a cabeça.

– Não, eu realmente não sei.

Shay fez uma pausa, franzindo a testa, ao mesmo tempo confuso e confiante. Em seguida, virou para Amy e explicou:

– Quer dizer, como responder a essa pergunta? Eu sou dedicado, quero ter sucesso, gosto de competir, quero melhorar. Acho que desde que comecei a trabalhar sabia que um dia seria CEO de alguma empresa. O que me faz seguir em frente é o prêmio.

Nem Amy nem Liam responderam de imediato.

Shay virou para Liam e indagou:

– Por que *você* quis ser um CEO?

– Pela mesma razão que você.

Shay ficou confuso, então Liam explicou melhor:

– Mas não é por isso que eu quero ser CEO da Del Mar Alarm hoje em dia.

– Como assim?

Amy interrompeu a conversa:

– Gente, sinto muito, mas tenho que voltar ao escritório. A reunião com meu cliente já vai recomeçar. Acho que vocês podem seguir daqui.

Liam não tinha tanta certeza daquilo, mas concordou e agradeceu. Amy encerrou a ligação. Ele se recompôs e tentou aparentar força e confiança:

– Shay, eu quero ser o CEO da Del Mar porque vejo meu trabalho como uma responsabilidade e um sacrifício. Você é o CEO da Golden Gate porque vê seu trabalho como uma recompensa. Eu costumava pensar como você, achava que ser CEO era uma recompensa por uma vida inteira de trabalho árduo, e com isso poderia fazer o que quisesse, porque tinha adquirido esse direito. Foi por isso que fracassei feio na Inglaterra e estava prestes a repetir a dose em San Diego. E é isso que você está fazendo aqui. – Ele fez uma pausa antes de prosseguir. – O fato é que isso pode até funcionar para você, mas nunca vai funcionar para as pessoas ou para a organização que você deveria comandar.

Shay não concordou nem discordou, e Liam continuou:

– Todas as responsabilidades e atividades sobre as quais falamos são só consequências dos nossos motivos para ser um líder. Podemos conversar o dia inteiro sobre *o que* deve ser feito, mas se não entendermos *por que* estamos liderando acima de tudo, nada disso vai fazer sentido.

Liam percebeu uma pequena mudança no olhar de Shay, como se uma lâmpada ainda fraca tivesse se acendido na cabeça do CEO da Golden Gate.

– Shay, quando tenho que me meter numa picuinha entre as equipes de vendas e engenharia, ou quando tenho que dar um ultimato a alguém sobre a necessidade de mudar de comportamento, ou quando tenho que marcar uma reunião depois do expediente para resolver um pepino, ou quando tenho que repetir o mesmo discurso enfadonho de orientação para mais um grupo de funcionários recém-contratados, ou quando tenho que ir até os instaladores de alarmes e lembrá-los de que eles são a linha de frente da empresa e que todos confiam e apostam neles, ou quando tenho que... – ele fez uma pausa – ...fazer qualquer coisa que outras pessoas não podem fazer porque não são o CEO, eu sorrio e agradeço a Deus por poder fazer a diferença. Eu tenho o pior e o melhor, o mais solitário e o mais interativo, o mais apreciado e o mais ingrato trabalho na empresa. E faço esse trabalho com orgulho e sem reclamar porque foi para esse cargo que eu me candidatei, mesmo não tendo total noção disso na época. Até que Amy me esclareceu sobre tudo.

Shay ficou sentado em silêncio. Liam não sabia o que esperar. Por fim Shay acenou com a cabeça e disse:

– Você é um cara bacana, Liam.

Liam ficou confuso.

– Sua vinda aqui foi tão estranha quanto generosa – continuou Shay. – E digo isso da melhor maneira possível.

Shay parecia sincero, e Liam reconheceu o elogio. Shay respirou fundo.

– Vamos fazer o seguinte: na segunda-feira de manhã, por que não conversamos...

– Tenho reuniões de equipe de liderança das dez ao meio-dia – interrompeu Liam.

– Então conversamos segunda logo depois do almoço, se for possível. Não vou dizer nada a ninguém daqui e agradeceria se você fizesse o mesmo. Vamos aproveitar para deixar a poeira baixar e ver em que pé estamos. Pode ser?

– Sim, acho que sim.

Os dois CEOs apertaram as mãos e encerraram o dia mais cedo.

Shay não fazia ideia de que sua lição seguinte viria antes mesmo do fim de semana.

Autoridade

Quando Shay voltou a sua sala, seu celular tocou. Era Dani, ligando para combinar o jantar:

– Os meninos vão dormir na casa de uns amigos hoje à noite.
– Todos?
– Sim. Vamos sair!
– Ótimo! Só me diz onde e a que horas.
– Quero ir ao Maria's, não vou lá há meses.
– Ih, não sei, almocei lá hoje.
– Ah, não pode ir de novo? Pede um prato diferente. Por favor! – implorou Dani.
– Tudo bem, mas você paga a conta.
– Combinado! Vejo você às cinco e meia? – Então ela lembrou: – Ah, e como foi o dia com Liam Alcott? – perguntou, fingindo um leve sotaque inglês.
– Conto no jantar. Cinco e meia!

Dani já estava no restaurante quando Shay chegou, na mesa ao lado da que ele e Liam tinham ocupado horas antes.

Assim que o marido se sentou, Dani perguntou:

– Então, como foi seu dia?
– Você está bem animada! – exclamou Shay, surpreso com o entusiasmo.
– A Rita me contou que parece que pegou fogo. Ela não soube me dizer o porquê, mas teve a impressão de que era algo importante.

– Resumindo, não foi como Liam imaginou que seria.

– Ele foi um babaca? Desculpe, eu não devia ter dito isso – retratou-se Dani. – Ele é assim tão metido a besta quanto você achou que seria?

– Sabe, odeio admitir, mas não – respondeu Shay, se retraindo. – Sinceramente, não dá para dizer que ele é um idiota metido a besta. Na verdade, Liam é uma pessoa muito decente.

Dani gostou do que escutou.

– Isso é bom, certo?

Shay encolheu os ombros.

– Acho que sim.

– Como assim "acha"?

– É meio complicado.

– Ok, seu chato... – resmungou Dani. – Você vai começar do início e me contar exatamente o que aconteceu. E quero todos os detalhes da hora em que pegou fogo.

Durante a meia hora seguinte, Shay repassou o dia em todos os pormenores: desde a comparação entre as empresas, a ligação que fez para os investidores, o almoço no Maria's (e o fato de terem se sentado na mesa ao lado), até a grande reunião com os investidores.

Dani ouviu atentamente, mas quando Shay terminou ela parecia desanimada.

– O que foi? – perguntou ele.

– Nada. Não sei.

– Você parece confusa, desanimada.

Dani olhou para a mesa vazia ao lado.

– Não sei.

– Vamos – encorajou Shay –, você geralmente sabe.

– Bom – disse Dani, franzindo a testa –, não me leve a mal, porque posso estar completamente errada...

Shay assentiu e aguardou.

– Tem uma coisa que não faz sentido para mim. É esquisito.

Ela claramente estava hesitando.
– Vamos, mulher. Desembucha.
Ela sorriu.
– Tá bem. Só estou me perguntando se essa aquisição é realmente uma boa ideia.
Shay respondeu prontamente:
– Se nós conseguirmos juntar três ou quatro boas empresas de segurança locais, vamos tornar tudo muito mais difícil para a All-American...
– Eu sei – interrompeu Dani. – Do ponto de vista estratégico faz sentido. – Ela se deteve outra vez.
– Então, qual o problema? – perguntou Shay.
– Como Liam se sente sobre isso tudo? Quer dizer, ele não veio aqui para vender a empresa.
Shay deu de ombros.
– Ele não está empolgado. Mas às vezes é assim que os negócios funcionam, ainda mais num mercado em evolução. Além disso, ou ele fica muito rico e sai da empresa, ou fica muito rico e continua por perto para ajudar. Acredite, ele vai ficar bem.
Dani ainda não parecia satisfeita.
– Entendi. Mas, querido, você quer administrar uma empresa ainda maior?
Shay encolheu os ombros.
– Por que não? É só uma questão de tamanho.
– Mas você *realmente* quer administrar uma empresa maior? Quer dizer, você tem curtido o que vem fazendo?
Shay franziu a testa, confuso.
– Desde que se tornou CEO, acho que você reclamou mais do seu trabalho do que nos dez anos anteriores. Você está se divertindo?
– Claro – respondeu Shay na mesma hora. – Quer dizer, é difícil. Ser CEO é um trabalho solitário.

– Eu sei. Neste exato momento, você parece superempolgado para fechar esse grande negócio.

– E qual é o problema?

– Você vai continuar animado quando tiver que fazer todas as outras tarefas ligadas a essa aquisição? Ou vai partir para a próxima? O que você realmente está esperando disso tudo?

Shay olhou para a mesa ao lado e afundou na cadeira.

– Que estranho.

– Que foi? – perguntou Dani, preocupada.

– Você está falando igual à consultora do Liam.

– Como assim?

– Ela me perguntou por que eu queria ser CEO e achei que era uma pergunta ridícula, quase retórica.

Dani tentou tranquilizar o marido:

– Eu entendo por que você pensou isso. Você trabalhou duro todos esses anos, e querer ser CEO parece lógico. – Ela fez uma pausa. – Certo?

Shay assentiu sem muito entusiasmo.

– Sim. Mas se você está me fazendo a mesma pergunta e...

Ele não terminou a frase.

– Bem, vamos responder a essa pergunta juntos. Por que você quer ser CEO? – Então ela se corrigiu: – Ou talvez seja melhor perguntar: por que quer fazer o que um CEO faz?

Shay encarou Dani como se ela tivesse acabado de revelar que o Papai Noel não existe.

– O que você disse? – perguntou ele.

– Eu disse que você deveria se perguntar por que gosta de fazer as coisas que um CEO faz, as tarefas do dia a dia.

– Por que você perguntou desse jeito?

– Lembra quando eu era professora primária na Escola St. Mary, o cargo de diretor ficou vago e alguém sugeriu que eu me candidatasse?

Shay assentiu, um pouco envergonhado por não ter prestado a devida atenção a essa história na época. Dani continuou:

– No começo eu pensei: "Claro! Eu devia me candidatar à vaga. Sou uma das melhores professoras da escola."

– Você era *a melhor* professora daquela escola.

– Sua opinião não vale, você é parcial. Mas enfim, quando pensei no que os diretores faziam no dia a dia e no quanto adorava ser professora, percebi que aquela função não era para mim. Até então eu sempre imaginava que um dia seria diretora. Mas percebi que isso era coisa do meu ego. O que eu queria mesmo era estar em sala de aula, ensinando, e não administrando professores e indo a reuniões.

Shay ficou subitamente animado. De repente perguntou:

– "Executante" é adjetivo, certo?

– Hein? – perguntou Dani, confusa.

– Você sabe. Um adjetivo é...

– Sim, eu sei o que é um adjetivo – interrompeu Dani. – Por que está me perguntando isso no meio dessa conversa?

Então ele explicou a diferença entre um diretor-*executivo* e um diretor *executante*.

Dani assentiu.

– Sim, isso é importante. Na prática o CEO é o chefe *executante*. Ele *faz* o trabalho, não se limita a *ter* o trabalho.

Nesse momento Shay sem querer largou o copo de margarita, que caiu bem no prato de *tortillas*.

Enquanto limpavam a bagunça, Dani percebeu que Shay estava chateado com alguma coisa além do acidente:

– O que está acontecendo, Shay?

– Acho que estou com um problema.

Sobremesa

Durante os 45 minutos seguintes, Shay e Dani começaram a se conformar com a realidade de que ele nunca havia realmente sido um CEO comprometido com suas funções. Tendo visto o marido ascender na carreira ao longo de duas décadas, a constatação foi tão chocante para ela quanto para ele.

Quando terminaram de comer o prato principal – e Shay admitiria mais tarde que não tinha sentido o gosto da comida naquela noite –, eles decidiram fazer uma coisa que nunca tinham feito no Maria's: pediram sobremesa.

Eles sempre debocharam do pudim do restaurante, perguntando de brincadeira se alguém realmente pedia aquilo. Mas naquela noite ali estavam os dois, só esperando a garçonete aparecer com aquela sobremesa. Quando o pudim chegou, Shay já estava aceitando melhor a situação. Então provou o doce e pela primeira vez na noite sentiu algum sabor.

– Este pudim é ótimo! – declarou.

Dani riu.

– Você parece mais tranquilo do que minutos atrás.

– É, acho que estou vendo a luz no fim do túnel e isso me reconforta.

– Que bacana – comentou Dani, enquanto usava a colher para pegar um pedaço do pudim.

– Sei lá. Não faço ideia de como isso vai acabar. Mas acho que está na hora de eu começar a crescer um pouco.

Dani riu.

– Que foi? – quis saber Shay.

– Parece frase de livro barato: "Acho que está na hora de eu começar a crescer um pouco."

Shay riu.

– Ei, desde quando você ficou tão cínica? – retrucou, atirando o guardanapo em Dani de brincadeira. – Talvez eu esteja amadurecendo.

– Desculpe, querido. Estou orgulhosa de você – disse ela com sinceridade. Então não resistiu e continuou: – Mal posso esperar para ver como você fica com roupas de adulto.

Ele riu e disse:

– Vamos sair daqui e curtir o fim de semana. Estou cansado de pensar em trabalho.

Processando

Ao longo das semanas seguintes, Shay e seus investidores mergulharam nos detalhes da aquisição, portanto teve várias oportunidades para interagir com Liam e sua equipe executiva. Para surpresa de Shay, Liam demonstrou profissionalismo e eficiência, embora alguns de seus subordinados em San Diego não tenham sido tão cooperativos.

Durante esse tempo, Liam continuou orientando Shay, sempre em particular, quando percebia que ele estava colocando as próprias necessidades à frente das da empresa.

– Não posso me omitir – admitiu para Shay numa ocasião.

Pessoalmente, Shay se sentiu numa montanha-russa. Forçado a pensar no trabalho por uma ótica diferente, num momento se empolgava com a perspectiva de a Golden Gate ganhar importância no mercado, mas no seguinte se sentia aflito por motivos que não compreendia. De todo modo, a fusão estava a todo vapor, e não havia tempo para autocrítica.

Para piorar, Shay sentiu a necessidade de se apresentar como um líder confiante e seguro de si aos membros do conselho, investidores e novos funcionários. Quando o negócio estava prestes a ser concluído, Shay estava exausto por ter que desempenhar esse papel e sabia que, com o anúncio da fusão, a semana seguinte seria ainda mais difícil.

– Eu devia ter feito teatro em vez de faculdade de administração – disse ele a Dani domingo à noite, antes de ir para a cama.

Nenhum deles riu.

– Reze para saber o que fazer a cada momento – sugeriu Dani. – E coragem.

Shay estava cansado demais para perguntar o que ela queria dizer com aquilo.

A CIÊNCIA DA TOMADA DE DECISÃO

Na segunda-feira de manhã, Shay fez uma videochamada com Liam e um membro do conselho de cada uma das empresas. Joey, investidor da Golden Gate, estava na sala com Shay. Liam convidou Kathryn Petersen, uma executiva aposentada, a seu escritório.

Shay apresentou Joey e Kathryn e revelou a pauta da videochamada:

– Estamos aqui para esclarecer alguns dos últimos detalhes em torno da aquisição. Eu gostaria de explicitar como o acordo vai acontecer e especificar os aspectos financeiros, estratégicos e organizacionais.

Liam reparou que Shay parecia mais confiante e decidido do que na primeira vez em que haviam se encontrado.

Kathryn se antecipou aos demais e sugeriu:

– Podemos começar com a parte organizacional?

Shay olhou para Joey, e ambos concordaram.

– Claro.

Kathryn prosseguiu:

– Eu gostaria de saber como você...

– Desculpe, Kathryn – interrompeu Shay. – Antes de qualquer pergunta, preciso explicar como será formada a equipe executiva.

Mesmo pela tela, Shay percebeu que Kathryn ficou um pouco irritada com o jeito direto e controlador dele.

– Tudo bem – concordou ela, sem entusiasmo.

– Certo – começou Shay –, eu sei que o que vou dizer parece inesperado, sobretudo nesta reta final da aquisição. Mas a meu ver está absolutamente claro que Liam deve ser o CEO.

Todos, incluindo Joey, ficaram atordoados. Ninguém disse nada, então Shay continuou:

– E o que vou perguntar agora independe da resposta de Liam sobre o cargo de CEO, ou seja, ele tem todo o direito de negar meu pedido. – Shay fez uma pausa. – Mas eu gostaria que ele me considerasse para a posição de diretor de marketing ou de estratégia.

– Shay, então você vai adquirir a empresa de Liam, mas ele é que vai administrá-la? – perguntou Joey, mais confuso do que desapontado.

Shay assentiu.

– Sim. É evidente que ele é melhor que eu nas questões de liderança e gestão. E se vamos adquirir outras duas empresas nos próximos dois anos, precisaremos que ele se dedique a construir essa nova organização, como fez na Del Mar. Com isso eu posso focar na integração do marketing e sondar as próximas aquisições.

Kathryn estava sorrindo. Liam, não. Por fim, ele falou:

– Primeiro, eu estaria mentindo se não dissesse que estou chocado.

Ele respirou fundo. Shay assentiu. Liam continuou:

– Segundo, você sabe que, se trabalhar mesmo para mim, vou exigir que seja o tipo de gestor e líder que eu espero do meu pessoal, certo?

Shay assentiu novamente, sorrindo.

– Sim, eu sei. Se você puder ter um pouco de paciência comigo, acho que consigo.

Liam continuou:

– E terceiro, ainda não estou convencido de que essa fusão é o movimento correto, do ponto de vista financeiro e estratégico.

Quer dizer, estamos nos garantindo aqui em San Diego, mas não sei se uma organização maior vai conseguir manter o mesmo grau de intimidade com o cliente, que é o nosso maior diferencial contra a All-American, uma empresa grande com atuação nacional.

– Nossa – comentou Shay –, você é mais inteligente do que parece.

– É o sotaque – brincou Liam.

Todos riram de verdade.

Nos 95 minutos seguintes, os quatro debateram a viabilidade da fusão. Com base nos argumentos de Shay e Kathryn, Liam mudou de ideia três vezes.

No final, Shay agradeceu a todos pelo tempo e pela energia:

– Foi uma conversa excelente e, por isso, acredito que tomamos a decisão certa.

San Diego

Três meses após a conclusão do negócio, Shay e sua família se mudaram para o sul da Califórnia. Em poucos meses Dani dizia que o passo atrás na carreira tinha sido a melhor decisão que seu marido havia tomado na vida. Pela primeira vez em um ano ele estava gostando do trabalho e aprendendo mais sobre administração e liderança do que em qualquer outro momento profissional.

Certa noite, após colocarem os filhos na cama, Dani fez uma pergunta, apreensiva:

– Você pretende voltar a ser CEO um dia?

– Não – respondeu Shay, sem hesitar.

Dani ficou surpresa e o marido acrescentou:

– Mas estou começando a achar que daqui a alguns anos vou estar apto a fazer o que um CEO faz.

A LIÇÃO

Introdução

CONTEXTO

A maioria dos livros que escrevi pretende, de alguma forma, ajudar líderes a tornarem suas organizações mais saudáveis, o que basicamente significa reduzir disputas por poder, conflitos e disfunções em geral, aumentando a transparência, a resiliência e a produtividade da empresa. Como você pode imaginar, praticamente todos os líderes que conheci queriam que suas organizações se tornassem mais saudáveis. E por que não haveriam de querer?

Infelizmente, ao longo da minha carreira, percebi que alguns desses líderes não conseguem alcançar a saúde organizacional necessária porque têm uma relutância quase subconsciente em realizar tarefas difíceis e enfrentar as situações desafiadoras porém necessárias para resolvê-las. Essa relutância nasce de uma motivação equivocada – e perigosa – que os leva a se tornarem líderes.

Por mais convicto que eu esteja sobre o assunto, quase não escrevi este livro porque um dos meus ídolos não concorda com essa premissa.

Há alguns anos, tive a oportunidade de passar dois dias com um dos maiores líderes empresarias americanos da atualidade. Alan Mulally dirigiu a divisão comercial da Boeing, onde comandou o lançamento do avião 777, depois reavivou a Ford, numa das mais surpreendentes reviravoltas corporativas da história empresarial moderna. Durante aqueles dois dias com Alan, ele disse algo que me abalou: "Tem uma coisa no seu livro *A vantagem decisiva* da qual eu discordo, Pat. É a parte em que você afirma que liderança exige sofrimento." Fiquei intrigado, e ele explicou melhor.

"A liderança é um privilégio e não deve ser vista como um sacrifício, e sim como uma alegria." Foi nesse momento que percebi a razão de Alan ser um líder extraordinário. Veja, ele acredita nisso de verdade. E o mais importante: acredita que todos acreditam nisso!

Então, fazendo uma referência ao clássico *O mágico de Oz*, eu respondi: "Alan, acho que você não está mais no Kansas", o que foi particularmente engraçado porque ele foi criado em Lawrence, Kansas. Expliquei que, em geral, a maioria dos líderes atuais não vê seu papel como um privilégio ou um dever, e sim como um direito e uma recompensa. Depois compartilhei histórias sobre líderes que conheci e que operam dessa maneira (sobretudo no Vale do Silício e em Wall Street). Ele entendeu meus argumentos. O fato é que poucas pessoas querem ser líderes pelo mesmo motivo de Alan.

OS DOIS MOTIVOS

Se olharmos a fundo, basicamente existem apenas dois motivos que levam pessoas a se tornarem líderes. O primeiro é servir aos outros, fazer o que for necessário para oferecer algo positivo a seus funcionários. Esse líder entende que sacrifício e sofrimento são inevitáveis e que servir é o único motivo válido para a liderança. É por isso que fico incomodado quando as pessoas elogiam alguém por ser um "líder servidor", como se houvesse outra opção válida.

O segundo motivo – muito comum, porém ilegítimo – é que elas desejam ser recompensadas. Veem a liderança como um prêmio por anos de trabalho árduo e são atraídas pelas armadilhas inerentes aos cargos de liderança: atenção, status, poder, dinheiro. A maioria das pessoas intui que essa é uma péssima razão para alguém querer se tornar um líder, mas mesmo assim é importante apontar especificamente por que isso é um problema.

Quando a motivação do líder é a recompensa pessoal, ele evita situações e atividades desconfortáveis que a liderança exige. Calcula até que ponto vale a pena assumir responsabilidades incômodas e tediosas – responsabilidades que somente um líder pode assumir – e tenta escapar delas. Com isso, é inevitável que as pessoas que estão sob sua responsabilidade fiquem sem orientação, proteção ou direcionamento, o que prejudica não só esses profissionais, mas a organização como um todo. Os funcionários vão expressar descrença em relação ao líder, apontando-o como alguém negligente e irresponsável. Faz todo o sentido, quando consideramos os motivos que o levaram a ocupar esse cargo para começo de conversa. A seguir trago uma analogia que ajuda a entender como o motivo errado pode impedir alguém de alcançar o sucesso.

Um pai que acredita que ser pai é sempre agradável e divertido vai ter dificuldade em passar muito tempo com os filhos ou participar ativamente de suas atividades. Se ele acredita que pais não precisam deixar os próprios interesses em segundo plano para priorizar as necessidades dos filhos, o máximo que vai fazer é aceitar a contragosto quando o filho quiser brincar ou pedir que o leve a uma lanchonete. Imagine como esse mesmo pai vai se sentir na hora de trocar as fraldas ou ajudar com o dever de matemática. Ele só será bom nesse papel quando aprender o que realmente significa ser pai.

Descobri que líderes focados na recompensa partem de um pressuposto semelhante ao comandar uma organização: acreditam que suas atribuições devem ser convenientes e agradáveis.

Assim, delegam ou ignoram situações que só o líder pode resolver, criando um vácuo angustiante e destrutivo para a empresa. O maior problema é que a maioria deles nem ao menos entende que quer ser líder pelo motivo errado. Muitos até se orgulham de suas justificativas!

Bem, já é hora de expor a verdade sobre a liderança focada na recompensa e ajudar os líderes a superá-la, pelo próprio bem deles e também das pessoas e organizações a que deveriam servir. É disso que trata este livro. Nas páginas seguintes, primeiro detalharei os dois motivos que levam alguém a querer ser um líder. Em seguida, descreverei as perigosas omissões dos líderes focados na recompensa, e os ajudarei a identificar e corrigir os motivos que os levam a querer liderar.

Explorando os dois motivos para a liderança

Liderança focada na recompensa: a crença de que ser líder é uma recompensa pelo trabalho árduo, portanto a experiência deve ser agradável e prazerosa, e o líder tem liberdade para escolher no que trabalhar e evitar assuntos de rotina ("banais"), desagradáveis ou desconfortáveis.

Liderança focada na responsabilidade: a crença de que ser líder é uma responsabilidade, portanto a experiência de liderar deve ser difícil e desafiadora (embora certamente conte com elementos de satisfação pessoal).

Nenhum líder é puramente focado na recompensa ou na responsabilidade. Por vezes todos nós encontramos adversidades, e por vezes nos instigamos a fazer o que deve ser feito. Mas um desses dois motivos será predominante e terá um impacto profundo no sucesso do líder e da organização a que ele serve. Para facilitar o entendimento, vou usar outra analogia.

Imagine os jogadores de um time pequeno que acabaram de ser contratados por um time grande. Alguns sentem grande alívio e realização. "Finalmente consegui. Depois de anos de trabalho árduo estou sendo recompensado e reconhecido. Minha vida vai melhorar, não vou ter mais que me preocupar com dinheiro. Mal posso esperar para comemorar, comprar uma mansão, um carrão..."

Outros jogadores, embora gratos e satisfeitos pela conquista, logo sentem o peso de ter que provar seu valor para a equipe. "Mal posso esperar pelos treinos. Não quero que o técnico se arrependa da minha contratação, que meus companheiros achem que não estou à altura. Preciso me mudar para mais perto do clube o quanto antes, e ainda trabalhar para ficar melhor..."

Há uma diferença fundamental entre esses dois tipos de jogadores, e quase sempre essa diferença terá um maior impacto no resultado final do que seus talentos e habilidades em si. Resumindo: os jogadores focados na responsabilidade quase sempre superam as expectativas. Os jogadores focados na recompensa quase nunca as alcançam.

Embora possa parecer óbvio, vale a pena perguntar como isso acontece. Como o motivo de um líder impacta a organização? Como afeta as atividades cotidianas de seu trabalho? As respostas estão relacionadas ao comportamento. Para ilustrar, voltemos à analogia com futebol e ao exemplo acima. O atleta focado na recompensa não treinará durante as férias com o mesmo empenho que um jogador focado na responsabilidade. Se ele for atacante, durante as partidas não vai se esforçar para defender, a não ser que esteja diretamente envolvido na jogada. E provavelmente não vai se esforçar para receber um passe difícil, sobretudo se estiver bem marcado por um zagueiro. Ele fará uma partida apagada, pegará pouco na bola e não será eficaz.

Imagine agora dois candidatos a presidente. Um se concentra em ser eleito e vê esse dia como o coroamento de sua vida. O outro vê a eleição como o início da tentativa de empreender algo significativo. Alguém se surpreenderia se o segundo fosse um presidente muito melhor, mesmo que nos outros aspectos eles sejam idênticos? Novamente, vale a pena perguntar: que comportamentos um presidente focado na recompensa evitará? Algumas possibilidades: ele não vai dedicar tempo suficiente a compreender questões legislativas importantes, vai evitar se reunir com eleitores com pouco espaço na mídia, não vai aderir a tradições relevantes que não sejam do seu interesse. O outro candidato certamente abraçará todas essas responsabilidades.

O mesmo se aplica a líderes de organizações. Observei isso de maneira recorrente durante os mais de vinte anos em que atuei como consultor de CEOs e suas equipes, mesmo que na época não tenha entendido bem o que estava acontecendo.

Já vi muitos CEOs extremamente talentosos desperdiçarem oportunidades de liderar suas organizações porque encaravam o trabalho como um espaço para exercer suas curiosidades e preferências. Eu os vi ignorar problemas genuínos que não lhes interessavam, e se afastar de situações que não prometiam glória, notoriedade ou diversão. E admito que, nos meus próprios momentos em que fui um líder focado na recompensa, evitei situações semelhantes. Isso não é correto e acarreta um impacto visível nas organizações e nas pessoas que lideramos.

Por outro lado, vi pessoas relativamente comuns levarem organizações a lugares onde ninguém esperava, porque acreditavam que parte de sua responsabilidade era se dedicar a trabalhos e tarefas cotidianos e desconfortáveis. Eles sabiam que discursar e ser o centro das atenções era uma parcela ínfima do trabalho e que sua verdadeira obrigação era manter uma rotina diária para fazer com que a organização permanecesse na direção certa.

Repito, nenhum de nós é um líder perfeito. Todos nos sentimos tentados – e às vezes cedemos à tentação – a focar na recompensa, buscar oportunidades que achamos divertidas ou ignorar assuntos tediosos ou desagradáveis. Porém, com o tempo, aqueles que optam pela liderança focada na responsabilidade – mesmo que antes estivessem focados na recompensa – passam a enxergar atividades e situações que antes consideravam tediosas e desagradáveis como o verdadeiro trabalho de um líder altruísta. E em algum momento passam a apreciá-las.

A seguir, analisaremos algumas situações e atividades que os líderes focados na recompensa tendem a delegar, renegar ou ignorar.

As 5 omissões dos líderes focados na recompensa

Analiso a seguir as cinco situações ou responsabilidades que líderes focados na recompensa delegam, renegam ou evitam, causando grandes problemas para seus funcionários. A falta de um ou mais desses itens pode ser um indicador de que o profissional deseja liderar pelo motivo equivocado.

Antes de tudo, devo esclarecer que os itens a seguir não são uma lista com as principais responsabilidades de um líder, assunto que abordo em maior detalhe no meu livro *A vantagem decisiva*. Meu foco aqui é apenas listar as omissões mais comuns que líderes focados na recompensa consideram tediosas, desconfortáveis ou simplesmente difíceis. No final de cada seção incluo perguntas para ajudar você a refletir sobre sua própria atitude e descobrir se vem tendo dificuldades causadas pela liderança focada na recompensa.

1. DESENVOLVER A EQUIPE DE LIDERANÇA

Quase todos os líderes adoram falar sobre a importância de construir sua equipe executiva. Por isso é surpreendente que essa atividade seja frequentemente delegada, e às vezes até ignorada por muitos CEOs e outros líderes organizacionais.

Em alguns casos, os líderes delegam a formação de equipes ao chefe de RH. Sendo bem claro: isso não funciona. Nada contra o RH, mas, se a equipe de liderança não vê que o líder considera o desenvolvimento da equipe um de seus papéis mais importantes, não tratará esse tópico com seriedade, e portanto nada será eficaz. O líder deve assumir a responsabilidade e participar ativamente da tarefa de construir sua equipe.

Existem algumas razões pelas quais executivos inteligentes acabam permitindo que outra pessoa assuma a responsabilidade de construir sua equipe. Primeiro, eles não enxergam a tarefa como fundamental para o sucesso da organização. Ao contrário do que talvez digam em público, muitos líderes ainda acreditam que o trabalho em equipe não é prioridade e é menos importante que assuntos técnicos como finanças, estratégia ou marketing. Desse modo, envolvem-se nas áreas técnicas e deixam que outras pessoas cuidem dos assuntos mais triviais.

Segundo, os líderes geralmente percebem que a formação eficaz de uma equipe implica em conversas vulneráveis e desconfortáveis. Poucos líderes, mesmo os bons, gostam desses momentos difíceis e preferem delegar a tarefa. Eles se ausentam e esperam que um colega ou um consultor interno lide com a parte emocional, obtendo os benefícios de construir uma equipe sem o custo inerente à tarefa. Isso nunca funciona.

Em alguns casos os líderes não delegam a formação da equipe ao RH e simplesmente ignoram o assunto. Costumam usar a desculpa de que formar uma equipe é uma tarefa delicada e irrelevante para o resultado final. Sou o primeiro a concordar que exercícios de construção de equipe como subir em árvores ou construir pirâmides humanas são irrelevantes. Mas discordo em absoluto de líderes que não consideram o trabalho em equipe uma vantagem competitiva prática e tangível, que possibilita o sucesso de marketing, finanças, estratégia e todas as outras atividades mais técnicas.

Reflexão do líder e medidas práticas
Este é um bom momento para você se questionar sobre sua disposição de se concentrar no desenvolvimento de sua equipe:

- Você considera que usar seu tempo desenvolvendo uma boa dinâmica interpessoal é algo supérfluo ou perda de tempo?

- Você organiza atividades de "formação de equipe" divertidas, mas evita conversas desconfortáveis sobre o comportamento coletivo?

Se você respondeu *sim* a essas perguntas, talvez seus motivos para liderar sejam equivocados, e você tem uma séria decisão a tomar. Ou repensa sua atitude em relação à formação de equipes, passando a considerá-la uma tarefa prática e indispensável, ou aceita que sua organização nunca atingirá seu potencial e que os membros de sua equipe sofrerão as consequências sem nenhuma necessidade. Garanto que não estou tentando ser dramático. Esse é o risco.

2. GERENCIAR SUBORDINADOS (E GARANTIR QUE ELES SIGAM ESSE EXEMPLO)

Na hora de gerenciar os executivos individualmente (em vez de lidar com eles como equipe), muitos líderes com quem trabalhei ao longo dos anos tiveram dificuldades, sobretudo os que estão mais perto do topo da organização. Isso acontece por alguns motivos.

Por um lado, muitos foram treinados para enxergar a gestão como um mero conjunto de atividades burocráticas e excessivamente estruturadas, na qual teriam que se limitar a elaborar objetivos detalhados, fazer avaliações de desempenho e determinar a remuneração dos funcionários. Isso não é gestão, seja no nível executivo ou na linha de frente. Gerenciar indivíduos é ajudá-los a estabelecer um norte em seu trabalho. É preciso que as atribuições de todos estejam alinhadas e cada um saiba o que os outros estão fazendo. Eles também precisam estar sempre bem-informados, aptos a identificar possíveis obstáculos e problemas o quanto antes. Ao mesmo tempo, gerenciar indivíduos é treinar líderes com o intuito de melhorar seu comportamento, aumentando a probabilidade de alcançarem o sucesso.

Descobri que geralmente os CEOs não compreendem bem as atividades de seus executivos e se justificam alegando que "abominam a microgestão" ou que, implicitamente, confiam em seus subordinados. É claro que confiar nos subordinados não é desculpa para não gerenciá-los. Ajudá-los a estabelecer uma diretriz e saber como estão progredindo está longe de ser microgestão.

Existe outro motivo importante para o líder valorizar o gerenciamento de indivíduos: garantir que seus subordinados diretos também gerenciem seu pessoal da forma correta. Essa é uma das responsabilidades mais negligenciadas entre líderes de alto nível, sobretudo CEOs. Mesmo CEOs que fazem uma ótima gestão de sua equipe não exigem que seus executivos façam o mesmo com seus subordinados. Ou seja: não fazem o trabalho de checar, de lembrar aos subordinados que devem gerenciar sua própria equipe.

Tudo isso levanta uma questão: como líderes realmente perspicazes e trabalhadores podem ignorar algo tão básico e importante como o gerenciamento dos subordinados? O fato é que muitos deles *não querem* cumprir essa função. Lembre-se, os líderes focados na recompensa são motivados pela idealização de que agora podem escolher o que fazer com base no que gostam. O lema deles poderia muito bem ser "é bom ser rei" e poucos "reis" querem ser gestores.

Muitos CEOs focados na recompensa que conheço tentarão justificar essa omissão dizendo: "Contrato executivos experientes e confio neles. Eles não deveriam precisar do meu gerenciamento." Claro que isso é uma falácia. Nenhum chefe gerencia um subordinado para puni-lo ou por desconfiança. E não importa quanto tempo de carreira o subordinado tem: a gestão é o ato de alinhar as ações, os comportamentos e as atitudes das pessoas às necessidades da organização, garantindo que pequenos problemas não cresçam. Evitar o gerenciamento de subordinados é negligência.

Reflexão do líder e medidas práticas
Eis as perguntas que você deve se fazer sobre sua disposição de gerenciar ativamente seus subordinados diretos:

- Você acredita que dar orientação e treinamento individual a seu pessoal é uma tarefa que está, de alguma forma, abaixo do seu cargo ou não é digna do seu tempo?

- Você acha que deveria confiar na capacidade de autogerenciamento dos seus subordinados?

- Você alega que não quer fazer microgestão para justificar a falta de conhecimento do que seus subordinados diretos estão fazendo?

Se você respondeu *sim* a essas perguntas, talvez seus motivos para liderar sejam equivocados. Você pode repensar seu papel e se envolver mais diretamente no trabalho dos seus subordinados ou aceitar que com frequência eles não atenderão às suas expectativas e estarão desalinhados com os objetivos da equipe. A decisão é sua.

3. TER CONVERSAS DIFÍCEIS E DESCONFORTÁVEIS

A tarefa de ter conversas delicadas é parte importante da gestão de uma equipe e de seus subordinados diretos e está mais relacionada à abordagem de problemas comportamentais incômodos na organização. E, visto que muitos líderes evitam desconfortos nas relações interpessoais, esse tópico precisa ser tratado separadamente.

Uma das principais responsabilidades de um líder é enfrentar questões difíceis e embaraçosas com rapidez, clareza, sensibilidade e capacidade de resolução. De que tipo de questões estou falando? Tudo, desde manias irritantes de um membro da equipe até dinâmicas tóxicas e disputas por poder. Não existe um líder que nunca tenha, em algum momento, hesitado na hora de "entrar na fogueira" e ter uma conversa difícil sobre um desses assuntos. Faz sentido, porque quase nenhum executivo gosta dessas situações. A maioria detesta. O problema é que, quando um líder se esquiva dessa tarefa, acaba comprometendo o sucesso da equipe e da própria organização.

Não me entenda mal, eu compreendo por que líderes evitam esses momentos, já estive nesta situação inúmeras vezes e hesitei mais do que gostaria de admitir. Mas justificar a covardia de evitar conversas difíceis alegando não ter tempo, energia ou interesse é incoerente, porque parte do pressuposto absurdo de que, se o problema for ignorado, não vai piorar o desempenho da empresa.

Embora eu tenha certeza de que há outros, conheci apenas

um líder que realmente parecia gostar da ideia de confrontar seu pessoal. Ele abordava praticamente qualquer problema: apontava quando alguém parecia despreparado numa apresentação, quando olhava o celular durante uma reunião ou era rude com os colegas. Estou falando de Alan Mulally, o qual já mencionei anteriormente.

Uma das chaves para o sucesso de Alan é algo que chamo de "responsabilização prazerosa". Ele gostava de falar com subordinados diretos que precisavam de correção e, com toda a simpatia, avisava que a mudança de comportamento ou atitude dependia deles mesmos. Explicava ao executivo que, caso ele não conseguisse mudar, eles continuariam sendo amigos, mas que ele não poderia continuar trabalhando na Ford ou na Boeing.

O tom de Alan não era passivo-agressivo nem condescendente. Ele era completamente franco e direto ao ponto. Na maioria das vezes as pessoas confrontadas mudavam o comportamento. Outras optavam por deixar a organização, o que é muito melhor do que permanecer e continuar com o comportamento inadequado, tendo que passar pelo longo e doloroso processo de ser demitido. Para quem deixava a empresa, era melhor e mais digno escolher sair por vontade própria.

Seria ingenuidade, ou até hipocrisia, negar que o sucesso de Alan na Boeing e na Ford está relacionado com sua disposição para ter conversas difíceis e desconfortáveis com seu pessoal. Ele sabia que para mudar uma organização o primeiro passo era mudar o comportamento dos executivos que trabalhavam diretamente para ele, criando um efeito cascata que levaria a uma transformação comportamental de todo o restante da organização.

Isso vale para qualquer líder. Quando você deixa de confrontar imediatamente as pessoas sobre pequenos problemas, está garantindo que esses problemas vão crescer. E se você não é um líder focado na responsabilidade – um líder ciente de que essa é uma tarefa somente sua –, provavelmente encontrará uma razão qualquer para ignorar essas questões complicadas e sair pela tangente.

Antes de finalizar este tópico, vale a pena parar por um momento e atentar para a simples razão implícita que faz a maioria das pessoas evitarem conversas difíceis: elas são embaraçosas e constrangedoras. Nunca é legal ter que se dirigir a alguém que você conhece, que tem mais ou menos a sua idade, uma pessoa talentosa, e dizer algo que a faça se sentir mal.

Admito que também não gosto dessa tarefa e hesitava muito antes de agir. Até que um dia percebi que, ao evitar essas conversas, eu estava sendo egoísta. Não estava evitando a conversa por causa dos sentimentos dos meus funcionários, e sim pelos meus. No fim das contas estava trocando o meu desconforto pelo deles, porque o fato é que a dor deles seria maior ainda quando suas deficiências fossem expostas durante uma avaliação de desempenho, uma discussão de salário ou, pior ainda, uma demissão. E isso sem falar nas consequências para a organização inteira.

Exemplos

A seguir listo histórias verídicas de líderes que não entendiam os benefícios de realizar conversas desconfortáveis:

- *Certa vez, participei da reunião da equipe de liderança de um cliente e assisti, incrédulo, a um executivo desrespeitoso e irritante dormir durante boa parte do tempo, bem na frente da CEO. Ela não disse nada, nem mesmo depois do fim daquele encontro.*

- *Eu conheci o diretor de TI de uma empresa grande e renomada. Vamos chamá-lo de Fred. Um dia, Fred soube, por um e-mail enviado para a empresa inteira, que o CEO havia contratado um novo diretor de TI. Como em nenhum momento o CEO se preocupou em avisar a Fred da demissão, o próprio Fred ligou para o CEO para marcar uma reunião. A secretária disse que ele não tinha agenda, e o CEO evitou Fred durante semanas. A certa altura, os dois se viram sentados frente a frente no avião particular da empresa, e o CEO fingiu estar dormindo para evitar uma conversa. Fred acabou deixando a empresa por conta própria. (Juro que não inventei esta história. E acredite, esse mesmo CEO veio a escrever um livro sobre liderança.)*

- Uma amiga minha era a gerente de RH de uma grande empresa. Um dia, o diretor do setor a chamou em sua sala, explicou que um de seus subordinados tinha odor corporal desagradável e queria que ela falasse com o funcionário fedorento, porque ele não queria ter que confrontá-lo.

- O CEO de uma empresa estava à procura de um novo diretor de operações. Um membro impopular de sua equipe executiva (Fred) começou a anunciar a seus colegas que o cargo seria seu, o que o tornaria chefe da equipe. Os executivos não gostaram da ideia de ter que trabalhar para Fred e, preocupados, conversaram com o CEO, que garantiu que não era verdade, mas, quando pediram que o CEO conversasse cara a cara com Fred para transmitir a mensagem, ele explicou que "não tinha tempo nem energia para esse tipo de coisa".

Reflexão do líder e medidas práticas

Faça a si mesmo as seguintes perguntas sobre sua disposição para ter conversas difíceis e desconfortáveis:

- Você prefere aprender a conviver com os comportamentos difíceis de uma pessoa a ter uma conversa embaraçosa e talvez emotiva com ela?

- Você se pega desabafando sobre problemas comportamentais de seus subordinados em vez de falar diretamente com eles?

Se você respondeu *sim* a essas perguntas, talvez seus motivos para liderar precisem ser ajustados. Você precisa redefinir suas expectativas sobre o quão "cômodo" seu trabalho deve ser e encontrar coragem para começar a ter conversas delicadas, até que isso se torne algo natural. Ou deve se preparar para encarar cada vez mais disputas por poder, moral baixa e alto índice de *turnover* na sua equipe e na sua organização.

4. COMANDAR BOAS REUNIÕES DE EQUIPE

Reuniões continuam sendo uma das atividades mais impopulares e subestimadas nas empresas. É o momento em que líderes tomam decisões sobre adquirir um concorrente ou ser adquirido por outro, contratar ou demitir funcionários, implementar uma nova estratégia ou encerrar uma antiga. Existe atividade mais crítica, central ou indispensável dentro de uma organização do que uma reunião?

Não entrarei em detalhes sobre ações específicas na condução de uma reunião eficaz, porque isso daria um outro livro mais extenso que este. No contexto deste livro, vou simplesmente abordar a realidade chocante de que, em muitas organizações, os responsáveis por tornar as reuniões melhores, mais eficazes e menos chatas costumam ser os que mais reclamam delas!

Muitos CEOs e outros líderes de organizações não têm medo de admitir que detestam reuniões e as veem como uma espécie de penitência. Assim, eles simplesmente toleram e se submetem a reuniões terríveis, em vez de torná-las um momento fundamental, focado e intenso, como deveriam ser. Alguns tentam evitá-las por completo.

Coloquemos tudo isso em perspectiva. Um líder que considera suas reuniões enfadonhas é como um médico que encara uma cirurgia da mesma maneira. Ou um professor que odeia dar aulas. Ou um jogador de futebol que não gosta de jogar. Como eu disse antes, as reuniões são o cenário, a arena, o momento em que ocorrem as discussões e decisões essenciais da empresa. O que poderia ser mais importante?

Pense da seguinte maneira: o melhor lugar para descobrir se um cirurgião, um professor ou um jogador são competentes é observá-los durante uma operação, uma aula ou uma partida, respectivamente. Qual o melhor lugar para se observar um líder? Em uma reunião, claro.

Quando um líder considera que reuniões não têm importância, os resultados são duplamente negativos. Em primeiro lugar, e mais importante, isso leva à tomada de decisões equivocadas. O fato é que, se as reuniões não forem envolventes, a qualidade das decisões tomadas ali será negativa. Não faço ideia de como calcular o impacto disso no desempenho e no sucesso de uma organização. Mas sem dúvida é enorme.

O segundo problema em aceitar reuniões ruins no nível executivo é que isso abre um precedente para o resto da organização. O que é tolerado no topo de uma empresa costuma refletir o que se pode esperar nos escalões inferiores. É claro que alguns gerentes tentarão, por conta própria, tornar suas reuniões mais eficazes do que as de seu chefe, mas é improvável que se sintam impelidos a fazê-lo. Agora imagine o cenário oposto, em que o gerente tenha um CEO que conduz reuniões fantásticas. É provável que ele almeje que suas reuniões tenham o mesmo padrão. Isso não é um bicho de sete cabeças.

Exemplos

A seguir conto histórias verídicas de líderes que não entendiam a importância das reuniões:

- *Certa vez trabalhei com um CEO muito carismático que odiava reuniões. Ele frequentemente "se ausentava" durante as conversas – ficava olhando para a cadeira ao lado, onde havia colocado a página de esportes do jornal do dia. O mais incrível é que todos os membros de sua equipe sabiam o que ele estava fazendo, mas pareciam resignados com o fato de que ele simplesmente não estava interessado em conduzir conversas detalhadas sobre o negócio, a menos que tivesse algum interesse pessoal no assunto. A empresa acabou implodindo de uma forma surpreendente, mas a falta de conexão e interesse do CEO pelos fundamentos do negócio foi parte substancial da causa dessa implosão.*

- *Outro CEO que conheci considerava que reuniões eram em grande parte um exercício tático e administrativo. Ele não as eliminou da agenda, mas resolveu reduzir seu envolvimento. Assim, delegou o planejamento das reuniões da equipe executiva ao chefe de RH. Membros da equipe executiva, incluindo o vice-presidente de RH, consideravam essas reuniões ineficazes e atribuíam o problema ao desinteresse do CEO.*

Reflexão do líder e medidas práticas

Eis algumas perguntas que você deve se fazer sobre suas reuniões:

- Você reclama que suas próprias reuniões são chatas ou ineficazes e torce para acabarem logo?

- Você permite que seu pessoal, ou que você mesmo, "se ausente" durante as reuniões, ou falte de vez em quando para "realizar um trabalho mais importante"?

Se você respondeu *sim* a essas perguntas, talvez seus motivos para liderar sejam equivocados. Você pode se dedicar a planejar e comandar reuniões mais intensas e focadas ou pode se contentar com tomadas de decisão abaixo do ideal, capacidade de inovação reduzida e muitos arrependimentos. Escolha fácil, certo?

5. COMUNICAR-SE CONSTANTE E REPETIDAMENTE COM OS FUNCIONÁRIOS

A maioria dos CEOs não abomina a ideia de ter que se comunicar com seus funcionários, mas subestima o volume de comunicação necessário. Como resultado, eles acreditam que fizeram certo ao anunciar, por exemplo, uma nova estratégia ou iniciativa, mesmo que a maioria das pessoas – até mesmo funcionários de nível sênior – ainda não tenha entendido e adotado a estratégia. Recentemente participei de uma reunião com um CEO e seu chefe de RH. O CEO disse: "Nós temos que salvar esta empresa." O chefe de RH respondeu: "Nunca ouvi você dizer isso antes." O CEO replicou: "Achei que estava dizendo isso o ano inteiro." Se o executivo não ouviu nem internalizou a mensagem, qual é a chance de o resto da organização ter feito o mesmo?

Li estudos que concluem que os funcionários precisam ouvir uma mensagem sete vezes antes de acreditar que os executivos estão falando sério. Antes disso, eles acham que não passa de discurso corporativo ou propaganda interna. Embora já faça um tempo, quando eu era um funcionário de nível médio, recebia a maioria das comunicações corporativas dos executivos com certa descrença, a menos que a mensagem fosse reforçada recorrentes vezes. Nesse caso meu ceticismo desaparecia.

Infelizmente, muitos CEOs não gostam de repetir a mensagem. Existem razões para isso. Muitos temem que fazer isso soe como um insulto aos funcionários. Esquecem que estes detestam desconhecer o que se passa na organização e que nenhum ser humano razoável jamais deixou uma empresa por causa de comunicação excessiva. "Chega! Vou para uma empresa onde os líderes só me digam algo uma vez e nunca mais repitam!" Quando o assunto é comunicação, é sempre melhor pecar pelo excesso, mas muitos líderes se sentem mais confortáveis do outro lado do espectro.

Outra razão pela qual os CEOs, sobretudo os focados na recompensa, não se comunicam o suficiente é porque ficam entediados com suas mensagens. "Já não apresentamos esta introdução sobre nossos propósitos e valores fundamentais? O que mais temos para mostrar?" Eles não percebem que a comunicação não é voltada para eles. Tampouco é uma simples disseminação de informações. A razão para um CEO se comunicar com seus funcionários, em todos os níveis, é garantir que as pessoas estejam alinhadas, compreendam o que está acontecendo e entendam como elas se encaixam no sucesso da empresa. É um processo emocional e comportamental, mais do que transacional e informacional. Isso requer trabalho árduo de um líder, trabalho repetitivo e por vezes tedioso.

Os melhores líderes do universo corporativo entendem sua função e não hesitam em se repetir. Eles se veem como CROs – Chief Reminding Officer, ou diretor-executivo da memória. Seja falando num evento para funcionários, enviando um lembrete por e-mail, contando a história da fundação da empresa para recém-contratados, escrevendo um texto para a newsletter ou almoçando com funcionários que não trabalham na sede, o bom líder sempre repete as mensagens mais básicas e fundamentais. Ele sabe que os funcionários precisam ouvir essas mensagens de novo e de novo e de novo e... bem, você entendeu. É claro que um bom líder vai tentar ser criativo na hora de reforçar a mensagem. Mas ele tem muito mais medo de seus subordinados não terem informações suficientes do que de ser criticado por se repetir.

Exemplos
A seguir listo histórias verídicas de líderes que entendem a importância do excesso de comunicação:

- *Um CEO que conheci sempre adorou ter o papel de diretor-executivo da memória. Todas as vezes que podia, lembrava a seus funcionários os fundamentos da organização e a importância dos clientes. A partir de certo momento ele começou a encontrar resistência, por incrível que pareça, de sua própria equipe executiva! "Acho que você está precisando virar o disco", provocavam em tom de brincadeira, mas com um fundo de verdade. O CEO estava prestes a ceder até que leu um dos meus livros, onde apresento o conceito de diretor-executivo da memória. "Vejam, isso é exatamente o que tenho que fazer!", disse o CEO. Ele convenceu seus executivos de que, embora já tivessem escutado suas mensagens o suficiente, os funcionários da organização precisavam ser relembrados com mais frequência.*

- *Talvez o melhor diretor-executivo da memória que conheço seja Gary Kelly, CEO de longa data da Southwest Airlines. Ao longo de pelo menos uma década eu o vi falar inúmeras vezes com executivos e funcionários. Também leio o que ele escreve mensalmente para seus subordinados e clientes na revista de bordo da empresa. Gary aborda os mesmos tópicos sobre a cultura e a estratégia da Southwest, sempre de maneiras distintas, para se manter interessante e ter aquele ar de novidade, mas não se desvia da mensagem central, que ele é responsável por manter viva.*

- O outro diretor-executivo da memória de nível internacional que conheço é, sim, Alan Mulally. Quando assumiu a Ford, ele elaborou um plano simples porém eficaz para transformar a empresa. Certa vez o The Wall Street Journal o convidou para uma entrevista, e ele apresentou esse plano. Um ano depois, o jornal o convidou para uma atualização, e Alan começou a compartilhar o plano outra vez. Pediram que ele apresentasse algo novo, pois aquele conteúdo já tinha sido abordado. Alan simplesmente explicou que o plano era o plano, e seu trabalho era manter a empresa focada, e não mudar de ideia todo mês.

Reflexão do líder e medidas práticas

Faça a si mesmo as seguintes perguntas sobre sua disposição para se comunicar constante e repetidamente:

- Você se ressente de ter que se repetir com frequência, reclamando que seus funcionários não escutariam?

- Você procura novas mensagens e ideias porque se cansa de comunicar as mesmas coisas sempre?

Se você respondeu *sim* a essas perguntas, talvez seus motivos para liderar sejam equivocados. Você precisa mudar sua postura em relação à comunicação e passar a vê-la como uma ferramenta para ajudar os outros a entender e internalizar ideias importantes sobre a empresa, em vez de uma atividade para seu próprio entretenimento. Caso contrário, com frequência seus funcionários – mesmo os executivos – ficarão confusos e desorganizados.

E você terá que se acostumar com a frustração de ver que seus funcionários não conseguem entender sua mensagem e embarcar em seus planos.

RESUMO

Vou repetir: essas cinco áreas – desenvolver a equipe de liderança, gerenciar subordinados, ter conversas difíceis e desconfortáveis, comandar boas reuniões de equipe e comunicar-se constante e repetidamente com os funcionários – *não são* uma lista com as principais responsabilidades do líder de uma organização. São apenas situações e responsabilidades que líderes costumam evitar quando não enxergam que seu trabalho é realizar tarefas que ninguém além deles próprios pode executar.

Imperfeição e vigilância

Ninguém é perfeito. Não existe um líder que pelo menos vez ou outra não se afaste da liderança focada na responsabilidade. Todos nós, por vezes, somos tentados a mirar na recompensa, e a maioria ocasionalmente vai ceder à tentação. No entanto, um dos dois motivos sempre acabará dominando nossa rotina. Por isso, é fundamental que todo líder entenda qual é seu motivo predominante e faça o que for necessário para se aproximar cada vez mais do foco exclusivo na responsabilidade.

É importante entender que mesmo os líderes que dominam a liderança focada na responsabilidade não estão livres de escorregões. Somos seres humanos, falíveis, vulneráveis à bajulação e à fadiga, portanto mesmo o melhor líder do mundo pode se aproximar da liderança com foco na recompensa quase sem perceber.

Isso acontece porque líderes focados na responsabilidade inevitavelmente recebem elogios por sua humildade e altruísmo, ainda que só estejam cumprindo o seu papel. Ao serem elogiados, é quase natural que comecem a se comparar com líderes focados na recompensa e, aos poucos, diminuam seus padrões. E aí acontece: um dia acordam e percebem que estão evitando situações e responsabilidades desagradáveis.

Para terminar, é fundamental que os líderes com foco na responsabilidade – e mesmo os outros – encarem a realidade de que provavelmente nem sempre seus subordinados diretos estão sendo sinceros sobre os elogios. Para cada feedback construtivo o líder recebe dezenas de elogios, muitos deles injustificados. Mesmo quando o líder entende que isso acontece, por mais humilde que seja, é muito natural que as manifestações de aprovação e admiração constantes criem uma autoimagem distorcida e imprecisa. Por isso, é essencial que ele se cerque de pessoas francas e sinceras.

O SURPREENDENTE PERIGO DA DIVERSÃO

Vale a pena deixar claro que nem todo líder com foco na recompensa é igual, nem busca as mesmas recompensas. Alguns, por exemplo, querem atenção e status – provavelmente este é o tipo mais comum. Outros podem estar motivados pelo poder.

No entanto, muitos líderes focados na recompensa não são impulsionados por incentivos relacionados ao orgulho, e sim pelo desejo de poder dedicar seu tempo a fazer o que acham agradável ou divertido. Sim, divertido. Por mais inocente que possa parecer, isso é muito perigoso, justamente porque parece inofensivo.

Líderes focados na diversão defendem seu comportamento ou minimizam os danos que causam argumentando que não são movidos pelo ego como os líderes que buscam atenção e status. Mas no fundo o vácuo criado por líderes que evitam atividades importantes porque não as consideram agradáveis ou divertidas é igualmente problemático. E, no fim das contas, até os líderes que buscam diversão estão agindo em benefício próprio. Acredite, eu também cometi esse erro.

O FIM DA LIDERANÇA SERVIDORA

O espírito da liderança é o livro mais curto e simples que escrevi até hoje, porém suspeito que seja o mais importante. Isso porque o perigo de liderar pelo motivo errado é enorme, não apenas para os indivíduos, mas para toda a sociedade.

Infelizmente muitas pessoas toleram, e até almejam, líderes egocêntricos. Muitos funcionários têm chefes que só agem quando é de seu interesse. Muitos executivos trabalham para CEOs que somem ou demonstram desinteresse diante de situações desconfortáveis. Muitos cidadãos elegem políticos que tomam decisões com base em pesquisas e na probabilidade de serem eleitos.

Portanto, se a liderança egocêntrica, focada na recompensa, vier a se tornar norma, os jovens crescerão acreditando que isso é o que significa ser um líder. Pessoas inadequadas vão querer se tornar gerentes, CEOs e políticos, condenando a sociedade a efeitos prejudiciais nas gerações seguintes. Não podemos permitir que isso aconteça.

Já passou da hora de todos nós, como indivíduos e como sociedade, restabelecermos o padrão de que a liderança deve ter o foco no liderado, nunca no líder. Os funcionários precisam apontar o dedo para chefes que focam na recompensa. Os executivos precisam se comprometer a mudar quando perceberem que não estão servindo a seus subordinados. Os cidadãos precisam se manifestar sempre que virem esse comportamento em seus servidores públicos, nomeados ou eleitos.

Se conseguirmos restaurar a atitude coletiva de que a liderança deve ser uma responsabilidade prazerosamente difícil e altruísta, teremos empresas mais bem-sucedidas, funcionários mais engajados e realizados, e uma sociedade mais otimista e esperançosa. Talvez as pessoas até parem de usar o termo *liderança servidora*, porque entenderão que esse é o único tipo válido de liderança. E esse é um objetivo que vale a pena se empenhar para alcançar.

Agradecimentos

Depois de onze livros, os agradecimentos acabam se tornando um pouco repetitivos, mas não deixam de ser importantes e sinceros. Minha esposa, Laura, e meus filhos, Matthew, Connor, Casey e Michael, têm cada vez mais influência no meu trabalho. O apoio e o amor deles são presentes inestimáveis.

Minha equipe no The Table Group é como uma segunda família. Eles me proporcionam incentivos, ideias e responsabilidades, sem os quais eu nunca teria escrito nenhum livro. Meu agradecimento especial, como sempre, a Tracy, pelas ideias e correções perspicazes ao longo do processo, em questões grandes e pequenas.

Obrigado a todos na Wiley pelo apoio e pela liberdade que nos oferecem. É difícil acreditar que, depois de vinte anos, ainda encontramos formas de aprimorar a maneira de trabalhar juntos. E obrigado ao meu agente, Jim Levine, pela constante orientação e pelo interesse sincero em tudo o que fazemos.

E por fim, claro, agradeço por tudo – incluindo as pessoas que acabei de citar – a meu Senhor e Salvador, Jesus Cristo. Sem Ti, nada posso.

CONHEÇA OS LIVROS DE PATRICK LENCIONI

Os 5 desafios das equipes

A vantagem decisiva

As 3 virtudes essenciais para trabalhar em equipe

Os 6 tipos de Talento Profissional

O espírito da liderança

Para saber mais sobre os títulos e autores da Editora Sextante,
visite o nosso site e siga as nossas redes sociais.
Além de informações sobre os próximos lançamentos,
você terá acesso a conteúdos exclusivos
e poderá participar de promoções e sorteios.

sextante.com.br